PHYSICAL AI WAR

PHYSICAL AI WAR

피지컬 AI 패권 전쟁

미국과 중국이 촉발한 제2의 냉전   박종성 지음

지니의서재

추천사

판은 이미 빠르게 바뀌고 있다

　AI 기술의 발전을 이야기할 때 우리는 흔히 언어 모델과 알고리즘의 혁신에만 집중한다. 하지만 『피지컬 AI 패권 전쟁』은 그 익숙한 시선을 돌려 놓는다. 오늘날의 AI 혁신은 언어 모델이 작동하는 채팅창에만 머물지 않으며, 피지컬 AI라는 형태로 이미 우리 인간의 삶을 근복적으로 바꾸고 있다는 사실을 독자에게 일깨운다. 자동차를 조립하는 휴머노이드 로봇, 복잡한 도심을 자율 주행하는 로보택시, 광활한 논 위를 누비는 드론, 이 모든 것은 앞으로 다가올 미래 기술 시연이 아니라 이미 다가온 현실이다.

　저자는 이러한 현실을 국가 간 산업 전략의 구조적, 정치적 의도까지 촘촘히 엮인 거대한 패권 경쟁의 징후로 분석한다. 그는 중국의 기술 발전이 그동안 외부에서 흔히 평가해 온 '모방과 추격'의 산물이 아니라, 지난 10년 넘는 세월 동안 축적된 국가적 기획과 AI 생태계 구축의 결실이라는 점을 여러 사례를 통해 입증한다. 또한 미국이 AI 칩 수출 통제 조치를 단행하며 중국의 기술 전략 '두뇌'를 정밀 타격한 사례는, 기술이 더 이상 산업 혁신의 도구를 넘어 국가 안보와 국제 권력의 중심축으로 자리 잡았다는 사실을 극명하게 보여 준다.

　그렇다고 『피지컬 AI 패권 전쟁』이 중국의 성공만을 과장하거나 일방적 우위를 강조하는 것은 아니다. 저자는 중국 전략의 강점과 동시에 그 이면에 숨겨진 취약성을 균형 있게 짚어낸다. 그리고 이 책의 후반부에서 시선을 대한민국으로 돌려, 우리에게 매우 중요한 질문을 던진다.

"대한민국은 미래 산업의 설계자가 될 것인가, 아니면 과거의 방식에 머무르는 성실한 실행자로 남을 것인가."

중국이 국가 주도로 AI 생태계를 설계하고, 초기 시장을 만들어 기업을 키워 내는 방식은 지금 이 순간에도 전 세계 산업 지형을 빠르게 변화시키고 있다. 한국이 여전히 유지하고 있는 '기술은 잘 만들지만 산업 구조의 큰 판을 설계하지 못하는' 기존 방식이 오히려 치명적인 제약이 될 수 있다는 저자의 경고가 무겁게 다가오는 이유가 바로 여기 있다.

이 책에서 저자는 위기의식을 고취시키는 것에 그치지 않고, 우리가 가진 강점과 잠재력을 기반으로, 앞으로 어떻게 '설계자'의 위치로 나아갈 수 있는지에 대한 전략적 방안을 제언한다. 기술·정책·산업 생태계의 구조적 전환을 동시에 논하는 그의 글은 추상적 구호가 아니라, 현장에서 쌓아 온 폭넓은 경험과 글로벌 사례 분석을 바탕으로 한 실천 가능한 전략적 메시지이다.

전문성과 가독성을 동시에 담아낸 이 책이 대한민국의 다음 10년, 그리고 그 이후를 고민하는 모든 이에게 깊은 통찰을 제공할 것이라 확신한다. 피지컬 AI가 초래할 격동의 시대를 진지하게 이해하고자 하는 독자에게, 이 책을 자신 있게 추천한다.

김종모, KT AI사업담당 상무

차례

추천사 판은 이미 빠르게 바뀌고 있다　　　　　　　　　6

프롤로그 스크린 밖에서 시작된 진짜 전쟁　　　　　　11

PART 1　　　철저히 준비된 각본

CHAPTER 1	스크린 밖으로 걸어나온 AI	23
CHAPTER 2	치밀하게 설계된 스푸트니크 모멘트	31
CHAPTER 3	피지컬 AI 패권을 향한 거대한 설계도	40

PART 2　　　피지컬 AI 시대, 기술 패권 전쟁

CHAPTER 4	용의 발톱이 된 국가대표 기업들	55
CHAPTER 5	살아 있는 실험실, 계산된 도박	72
CHAPTER 6	거대 조립 라인이 만들어 낸 완벽한 시너지	86
CHAPTER 7	'국가'라는 이름의 벤처캐피털리스트	99
CHAPTER 8	반도체 제재가 낳은 운명적 역설	112
CHAPTER 9	백가쟁명: 국가가 설계한 혼돈, 그리고 예상 밖의 침입자	125

PART 3   숨길 수 없는 아킬레스건

CHAPTER 10   흔들리는 거인   141

CHAPTER 11   국가의 의지를 체화한 세대   152

CHAPTER 12   게임의 규칙이 바뀌었다   167

PART 4   새로운 패권 전쟁의 서막

CHAPTER 13   지능화된 전장   181

CHAPTER 14   거룡의 거울 앞에 선 호랑이   192

CHAPTER 15   새 판을 짜는 자 vs. 성실한 실행자   207

에필로그   사다리를 오르는 자, 사다리를 만드는 자   241

참고문헌   245

프롤로그

스크린 밖에서
시작된 진짜 전쟁

현장은 뜨거운 열기로 가득했다. 장소는 라스베이거스, 세계 최대의 소비자 기술 박람회인 CES 2025^{Consumer Electronics Show 2005}가 열리고 있었다. 숨 막히는 긴장감 속에서 엔비디아^{Nvidia}의 창업자이자 CEO인 젠슨 황^{Jensen Huang}이 거대한 무대에 올랐다. 검은 가죽 재킷 차림으로, 마치 기술 업계의 록스타처럼 다가올 미래에 대한 새로운 메시지를 선포하기 시작했다.

그의 메시지는 단순하고도 강력했다. 인공지능의 '다음 개척지^{Next Frontier}'는 더 이상 언어와 이미지라는 디지털 세계에 머물러 있지 않다는 것이었다. 진짜 혁명은 AI가 물리적 세계와 만나 현실을 인지하고, 추론하고, 계획하고, 행동하는 바로 그 지점, '피지컬 AI^{Physical AI}'

에서 일어날 것이라고 선언했다. 그는 "로봇공학 분야에도 챗GPT와 같은 혁신이 곧 찾아올 것"이라고 예언하며, 새로운 시대의 서막을 알렸다.

이 발표가 던진 파장은 즉각적이고 거대했다. 전 세계 기술 업계와 투자자, 언론은 열광했다. 마치 새로운 경주의 출발을 알리는 총성이 울린 듯했다. 이 새로운 메시지에 가장 발 빠르게 반응한 것은 대한민국의 거대 기업들이었다. 최태원 SK그룹 회장은 젠슨 황과 직접 만나 피지컬 AI 분야에서의 협력을 논의했고, LG전자와 삼성전자 역시 서둘러 휴머노이드 로봇과 AI 통합 하드웨어에 대한 청사진을 제시하며 이 새로운 경주에 뛰어들 채비를 마쳤다. 실리콘밸리가 미래의 방향을 정의하면, 전 세계가 그 뒤를 따르는 익숙한 풍경이 다시 한번 연출되는 듯했다.

베이징의 선전포고

전 세계가 캘리포니아의 새로운 선언에 열광할 때, 베이징은 침묵했다. 그들에게 피지컬 AI는 낯선 미래가 아니라, 이미 오래 전부터 준비해 온 각본의 일부였기 때문이다. 중국은 거대한 국가 전략을 수립한 후 지난 10년간 꾸준히 실천해 왔다. 단기적인 기술 트렌드 변화나 시장의 변덕에도 결코 흔들리는 법이 없었다. 마치 한 편의 연극을 연상케 하는 그들의 전략은 총 3막으로 구성되어 있다.

제1막은 2015년, '중국제조 2025'의 발표와 함께 시작되었다. 세상의 관심이 아직 소프트웨어에 머물러 있을 때, 중국은 먼저 미래 AI가 깃들 '몸체'를 만드는 일에 국가적 역량을 쏟아부었다. 그들의 목표는 단순히 더 많은 물건을 만드는 '세계의 공장'을 넘어, 로봇과 자동화 설비로 가득 찬 '제조 강국'으로 도약하는 것이었다. 몸이 없는 정신은 공허하다는 냉철한 판단 아래, 그들은 먼저 수백만 개의 강철 몸을 중국 전역의 공장에 배치하는 작업부터 시작했다.

제2막의 막을 올린 것은 2017년, 구글 딥마인드DeepMind의 알파고AlphaGo가 세계 최강의 바둑기사 커제 9단을 무너뜨린 충격적인 사건이었다. 중국 지도부는 이 사건을 단순한 패배로 남겨두지 않았다. 그들은 이 외부의 충격을 내부의 동력을 창출하기 위한 '관리된 스푸트니크 모멘트Sputnik Moment'로써 완벽하게 활용했다. 커제의 패배가 안겨 준 국가적 위기감은, AI라는 '두뇌' 개발에 막대한 국가 자원을 쏟아붓기 위한 최고의 정치적 명분이 되었다. 이 사건 직후 발표된 '차세대 인공지능 발전 계획'은 바로 그 거대한 야망의 설계도였다.

그리고 마침내 2024년, 중국 정부는 연례 최대 정치 행사인 양회兩會의 정부 업무 보고에 '구신지능具身智能, Embodied Intelligence [1]'이라는 단어를 공식적으로 포함시켰다. 이것이 바로 제3막의 시작을 알리는 신

---

1 '몸을 갖춘 지능'이라는 뜻으로, 피지컬 AI와 같은 개념의 중국식 표현.

호탄이었다. 지난 10년간 공들여 만들어 온 '몸'과 '두뇌'를 마침내 하나로 합쳐, AI 혁명의 중심을 실리콘밸리의 서버실에서 주장강 삼각주의 공장으로 옮기겠다는 노골적인 선전포고였다.

혜성처럼 등장한 '챗GPT의 대항마'

서구 세계는 미국이 주도하는 기술 질서와 그들이 던진 혹독한 제재의 그물망 속에서, 중국의 AI는 서서히 질식해 갈 것이라 관측했다. 그런데 2023년, 이 모든 예상을 비웃듯 하나의 '변종'이 등장했다. 바로 딥시크DeepSeek였다.

마치 시스템 오류처럼, 혹은 누구도 예상치 못한 버그처럼 등장한 이 중국의 AI 스타트업은 순식간에 AI 세계의 판도를 뒤흔들었다. 딥시크가 내놓은 모델들은 일부 성능 평가에서 오픈AI나 구글의 최신 모델과 대등하거나 심지어 능가하는 결과를 보여 주었다. 더 충격적인 것은 개발 비용이었다. 수억 달러를 쏟아부어야 가능하다고 여겨졌던 최첨단 모델 개발을, 딥시크는 불과 수백만 달러라는 믿기 힘든 비용으로 해냈다고 주장했다.

이 사건은 서구 기술계에 거대한 의문과 불안을 동시에 안겨 주었다. 어떻게 이런 일이 가능한가? 기존의 상식으로는 도저히 설명할 수 없는 이 현상을 이해하기 위해, 서구에서는 몇 가지 그럴듯한 속삭임이 흘러나오기 시작했다.

첫 번째 속삭임은 이것이 그저 운 좋은 '대류의 실수'라는 것이었다. 기초 과학과 창의성보다는 모방과 양산에 능하다고 여겨졌던 중국에서 어쩌다 한번 터진, 재현 불가능한 행운의 산물이라는 평가였다. 두 번째는 더 노골적인 의심, 즉 '역공학Reverse Engineering 2'에 대한 의혹이었다. 딥시크가 독자적인 기술을 개발한 것이 아니라, 오픈AI와 같은 서구 모델의 결과물을 불법적으로 훔쳐 자신들의 모델을 훈련시킨 것이 아니냐는 의심이었다. 실제로 오픈AI는 딥시크가 자사의 데이터를 무단으로 사용했는지에 대한 내부 조사에 착수하기도 했다.

마지막 속삭임은 '인재 빼 오기'였다. 막대한 자본을 동원해 실리콘밸리의 핵심 엔지니어들을 빼내 와 그들의 기술을 통째로 이식했다는 추측이었다.

이 모든 추측의 기저에는 하나의 공통된 전제가 깔려 있었다. 딥시크의 성공은 중국 시스템 내부의 역량에서 비롯된 것이 아니라, 외부의 요행이나 비윤리적인 행위에 기댄 예외적인 사건이라는 믿음이었다. 서구가 수립한 혁신의 법칙, 즉 막대한 벤처 자본, 최고의 반도체에 대한 자유로운 접근, 그리고 실리콘밸리 특유의 개방적인 연구 문화 없이는 이런 종류의 근원적 혁신이 불가능하다는 패러다임이 흔들리는 것을 원치 않았기 때문이다. 딥시크라는 설명 불가능한 변칙 앞에서, 서구의 기술 서사는 그것을 실수, 모방, 절도라는 익숙한 프레임 안에 가두려 했다. 그래야만 자신들이 구축한 세계의 질서가 앞으로

---

2 다른 기업의 제품을 분해하여 그것에 내재된 기술의 핵심 원리를 파악하고 복제하는 것.

도 계속 건재할 수 있다고 믿었던 것이다.

실수가 아니라, 빙산의 일각이었다

하지만 딥시크를 향한 세간의 평가는 모두 빗나갔다. 딥시크는 실수가 아니었다. 어설픈 모방이나 기술 탈취의 결과도 아니었다. 오히려 수면 아래 거대한 본체를 숨긴 빙산의 일각에 불과했다. 사람들은 물 위로 드러난 작은 얼음 덩어리만 보고 놀랐을 따름이다.

딥시크의 성공은 결코 우연이 아닌, 지난 10년간 중국이 조용하고 집요하게 구축해 온 거대한 전략이 낳은 필연적 결과물이었다.

'대륙의 실수'라는 낡은 신화를 깨트릴 만한 첫 번째 증거는 바로 창업자 량원펑梁文鋒이다. 그는 어느 날 갑자기 혜성처럼 등장한 무명의 인물이 아니었다. 중국 최고 명문인 저장대학교에서 컴퓨터 과학을 전공했고, 일찍이 AI와 알고리즘을 무기로 중국 최대 규모의 퀀트 헤지펀드Quant Hedge Fund 3 회사인 '하이플라이어High-Flyer'를 설립해 막대한 성공을 거둔 인물이다. 즉, 그는 AI 기술에 대한 깊이 있는 이해와 벤처캐피털의 단기적인 압박에서 자유로운 독자적 자본, 이 둘을 모두 갖춘 보기 드문 하이브리드형 기업가다.

'역공학'이라는 의심을 풀게 한 근거는 그의 놀라운 선견지명이었

---

3 복잡한 수학적 모델과 알고리즘을 이용해 컴퓨터가 자동으로 투자 결정을 내리는 펀드.

다. 그의 결정적인 무기는 기술 절도가 아니라, 누구보다 빠른 전략적 판단력이었다. 그는 2022년 10월 미국의 강력한 반도체 수출 통제가 본격화되기 이전에, 이미 엔비디아의 최첨단 A100 GPU를 무려 1만 개나 사들여 자신만의 무기고에 비축해 두었다. 다른 중국 기업들이 제재 이후 성능이 저하된 칩을 구하기 위해 전전긍긍할 때, 그는 이미 세계 최고 수준의 '엔진'을 확보한 상태에서 경쟁을 시작했다. 제재라는 외부 압력은 그를 좌절시키기는커녕, 오히려 제한된 하드웨어에서 최대의 성능을 끌어내기 위한 '알고리즘 효율성' 혁신에 집중하도록 만든 촉매제가 되었다.

그리고 량원펑은 결코 고립된 천재가 아니었다. 그는 중국이 국가적 차원에서 육성해 온 거대한 인재 파이프라인이 배출해 낸 수많은 엘리트 중 한 명이었다. 중국은 칭화대학교의 '야오반姚班'를 비롯한 세계 최고 수준의 AI 인재를 단련시키는 프로그램을 통해 이미 오래전부터 자율주행 기업 포니닷에이아이Pony.ai나 안면 인식 기술 기업 메그비Megvii의 창업자들을 배출해 왔다. 량원펑은 이 거대한 '인적 자본 플라이휠'이 만들어 낸 또 하나의 성공 사례였다.

그가 비록 자신의 자본으로 회사를 세웠지만, 그가 활동하는 무대는 '빅펀드Big Fund 4'와 같은 막대한 국가 주도 '인내 자본Patient Capital 5'이 장기적이고 위험 부담이 큰 기술 도전을 장려하는 분위기가 이미

---

4   중국 정부가 반도체 산업 육성을 위해 조성한 대규모 국가 투자 펀드.
5   단기적인 수익보다는 장기적인 관점에서 국가 전략 목표 달성 등을 위해 투자되는 자본.

만연한 곳이었다. 또한 중국이라는 14억 인구의 거대한 '살아 있는 실험실'은 AI 기술의 상용화와 데이터 축적에 대한 무한한 가능성을 제공하며, 량원펑과 같은 기업가들에게 세상을 바꿀 수 있다는 거대한 야망을 품게 만들었다.

결국 딥시크는 국가가 직접 만든 '국가대표'는 아니었지만, 국가가 수십 년에 걸쳐 닦아 놓은 고속도로 위를 누구보다 빠르게 질주한 드라이버였다. 국가는 최고의 인재들을 길러 냈고, 기술 자립이라는 명확한 방향을 제시했으며, 장기적 도전을 장려하는 자본 환경을 조성했다. 딥시크의 성공은 이 모든 것이 완벽하게 맞아떨어진 순간에 터져 나온, 거대한 시스템의 존재 증명이었다. 세상이 주목한 것은 한 스타트업의 놀라운 약진이었지만, 그 본질은 중국이라는 거대한 용이 마침내 날아오를 준비를 마쳤음을 알리는 거대한 포효였다.

거룡의 설계도를 펼치다

만약 딥시크가 단지 빙산의 일각에 불과하다면, 그 수면 아래에 잠긴 거대한 실체는 과연 무엇인가?

이제부터 우리는 중국의 야망이 담긴 거대한 설계도를 펼쳐 볼 것이다. 먼저 지난 10년간 중국이 피지컬 AI 패권을 쥐기 위해 어떤 큰 그림을 그려 왔는지, 그 거대한 계획의 막후를 조망한다. 다음 장에서는 그 계획의 최전선에서 하늘과 땅, 그리고 공장 내부를 장악하며 국가의 의지를 실현하는 선봉대 즉, DJI·바이두·화웨이와 같은 '국가대표'

기업들을 만난다. 이어서 우리는 베이징-상하이-선전深圳으로 이어지는 세 도시가 어떻게 하나의 유기체처럼 움직이며 '혁신 조립 라인'을 완성했는지 알아내기 위해 그 거대한 기계의 심장부로 더 깊이 들어간다.

하지만 이 책은 중국의 성공 신화에만 주목하지 않는다. 거대한 체격 이면에 숨겨진 치명적 약점, 즉 핵심 부품의 해외 의존이라는 '아킬레스건'을 정면으로 들여다보고 그들의 전략이 가진 내재적 한계를 분석한다. 그리고 마지막으로, 중국이 일으키는 거대한 지정학적 파도를 온몸으로 마주한 대한민국이 나아갈 길은 무엇인지, 냉철한 진단과 대담한 제언으로 기나긴 탐사를 마무리한다.

세상을 움직이는 규칙은 이미 변했다. AI는 스크린 속 세상을 떠나 물리적 현실에서 새로운 경쟁을 시작했다. 21세기라는 안개 낀 바다를 항해하기 위해, 우리는 저 거대한 용의 손에 들린 설계도를 먼저 이해해야만 한다. 자, 이제 여정을 시작할 시간이다.

PART 1
철저히 준비된 각본

"인류가 지난 수천 년간 개발하고 검증한 여러 전술을 구사했지만, 컴퓨터는 그것이 완전히 틀렸다고 딱 잘라 말했다."

- 커제 9단

CHAPTER 1
스크린 밖으로 걸어나온 AI

온 세상이 오픈AI가 개발한 챗GPT에 관심이 쏠려 있을 때 중국은 오랫동안 준비해 온 계획의 마지막 막을 올릴 준비가 한창이었다. 중국의 최첨단 전기차 공장에서는 '워커 S'라는 휴머노이드 로봇이 자동차를 조립하고, 퇴근길 교차로에서는 '아폴로 고'라는 완전 자율주행 택시가 승객을 실어 날랐다. 광활한 논 위에서는 농업용 드론 '아그라스'가 비료와 농약을 정밀하게 살포했다. 피지컬 AI가 이끄는 미래가 이미 현실이 되어 있었다.

진짜 혁명이 일어났다

오늘날 세상의 관심은 온통 챗GPT 같은 대화형 AI에 쏠려 있다. 하지만 진짜 지정학적, 경제적 혁명은 스크린 속 언어 모델이 아니라, AI가 물리적 세계와 만나는 바로 그 지점에서 일어나고 있다. 이른바 '피지컬 AI Physical AI' 시대가 우리 곁으로 성큼 다가온 것이다. 그리고 이 거대한 변화의 중심에 중국이 있다.

세 가지 장면을 상상해 보자. 이는 먼 미래를 그린 상상도가 아니다. 바로 지금 중국의 산업 현장에서 구체적인 경제적 가치를 만들어 내고 있는 피지컬 AI의 모습이다.

첫 번째 장면은 중국의 최첨단 전기차 공장이다. 쉴 새 없이 돌아가는 조립 라인 위로 자동차 뼈대가 미끄러지듯 이동한다. 익숙한 산업용 로봇 팔 옆에 사람과 비슷한 형태의 로봇, 즉 휴머노이드 로봇이 서 있다. 유비테크UBTECH가 만든 '워커 S'라는 이 로봇은 사람처럼 두 발로 서서 주변을 살피다가, 자동차 문짝을 들어 정밀하게 결합하고 볼트를 조인다.

잠시 후, 스스로 배터리가 부족하다고 판단하자 조용히 라인에서 벗어나 충전 스테이션으로 걸어간다. 그러자 다른 동료 로봇이 다가와 방전된 배터리 팩을 꺼내고, 완전히 충전된 새 팩으로 교체해 준다. 잠시의 휴식도 없이, 워커 S는 다시 조립 라인으로 복귀해 24시간 내내 계속될 자신의 임무를 이어 간다.

두 번째 장면은 베이징의 복잡한 퇴근길 교차로다. 수많은 자동차와 전기 자전거, 무단 횡단을 시도하는 보행자들이 뒤엉켜 그야말로 혼돈의 도가니다. 이곳을 하얀색 SUV 한 대가 운전자 없이 유유히 빠져나가고 있다. 바이두Baidu의 완전 자율주행 택시, '아폴로 고Apollo Go'다. 갑자기 끼어드는 오토바이를 부드럽게 피하고, 예측 불가능하게 움직이는 사람들 사이를 안전하게 통과하며 좌회전을 완벽하게 해 낸다. 이 로보택시Robotaxi는 2025년 2분기에만 220만 건이 넘는 완전 무인 주행을 마쳤고, 지금까지 누적 1,400만 명이 넘는 승객을 실어 날랐다. 이것은 스크린 속 시뮬레이션이 아니라, 실제 도시의 혈관을 흐르는 일상이 된 풍경이다.

세 번째 장면은 광활한 논 위다. '윙' 하는 소리와 함께 여러 대의 드론이 편대를 이루어 날아오른다. 세계 드론 시장의 절대 강자 DJI가 만든 농업용 드론 '아그라스Agras'다. 이 드론들은 단순히 농약을 흩뿌리는 기계가 아니다. 인공지능이 위성 사진과 센서 데이터를 분석해 병충해가 발생한 특정 구역, 영양분이 부족한 지점만을 정확히 식별한다. 그리고 필요한 만큼만 정밀하게 비료와 농약을 살포한다. 덕분에 수천만 톤의 농약을 절약하고, 탄소 배출량까지 획기적으로 줄였다. 이미 전 세계 5억 헥타르가 넘는 농지가 이 기술의 혜택을 보고 있다.

지금껏 언급한 세 개의 장면은 AI라는 추상적 개념이 어떻게 물리적 세계에 들어와 실질적인 결과를 만들어 내는지를 명확히 보여 준다. 우리가 챗GPT 같은 언어 모델의 화려한 표현 능력에 감탄하는 동안, AI는 조용히 스크린 밖으로 걸어 나와 물리적 세계에서 주어진 역할을 수행하기 시작했다.

피지컬 AI란 인공지능이라는 두뇌와 로봇, 자동차, 드론과 같은 몸을 바탕으로, 실제 세상에서 보고 생각하고 사람과 상호작용하는 '지적 존재'라고 정의할 수 있다. 이는 알고리즘의 세계와 원자로 이루어져 있는 이 세계를 잇는 거대한 다리와 같다.

감지, 인식, 행동: 피지컬 AI의 작동 원리

많은 사람이 로봇이라고 하면 정해진 경로를 따라 움직이는 공장의 로봇 팔을 떠올린다. 기존의 산업용 로봇은 인간이 미리 입력한 수천, 수만 개의 규칙을 맹목적으로 따를 뿐이다. 정해진 위치에 놓인 부품 A를 들어 정해진 위치 B로 옮기는 작업은 완벽하게 해내지만, 만약 부품 A가 1cm만 옆으로 비켜나 있어도 오류를 일으키며 멈춰 버린다. 예측 불가능한 상황에 대한 대처 능력이 전혀 없기 때문이다.

반면 피지컬 AI는 스스로 보고, 생각하고, 움직인다. 자세히 말하면, '감지-인식-행동'이라는 단순하지만 강력한 순환 고리에 의해 작동한다. 먼저 카메라, 레이더, 라이다LiDAR[1] 같은 센서가 로봇의 눈과 귀가 되어 주변 환경 데이터를 끊임없이 쓸어 담는다. 이것이 '감지Sense' 단계다. 다음으로, AI라는 두뇌가 이 방대한 데이터를 실시간으로 분석해 지금 어떤 상황인지, 무엇을 해야 하는지를 판단한다. 이것이 '인식Perceive' 단계다. 마지막으로, 두뇌가 내린 디지털 명령을 모터나 액추에이터Actuator[2]가 물리적인 '행동Act'으로 옮긴다. 로보택시 '아폴로 고'가 갑자기 튀어나온 아이를 '보고(감지)', 위험하다고 '판단한

---

1 레이저를 이용해 주변 환경을 3차원으로 정밀하게 인식하는 센서 기술.
2 전기적 신호를 물리적 움직임으로 바꾸는 장치.

뒤(인식)', 브레이크를 '밟는(행동)' 과정이 바로 이것이다. 이러한 순환은 1초에 수백, 수천 번씩 반복되며, 예측 불가능한 현실 세계에 끊임없이 적응할 수 있게 한다.

그렇다면 이 똑똑한 '두뇌'는 어떻게 훈련되는 걸까? 만약 자율주행 자동차가 실제 도로에서 수백만 번의 사고를 겪으며 운전을 배워야 한다면, 우리는 결코 그 차에 오를 수 없을 것이다. 피지컬 AI의 학습법은 훨씬 더 안전하고 효율적이다. 바로 '디지털 트윈Digital Twin'과 '강화학습Reinforcement Learning'이라는 두 가지 강력한 도구를 통해서다.

디지털 트윈은 말 그대로 현실 세계를 컴퓨터 안에 똑같이 복제한 '디지털 쌍둥이'다. 마치 비행기 조종사들이 실제 비행에 나서기 전에 수백 시간 동안 시뮬레이터로 훈련하는 것과 같다. 엔지니어들은 실제 도시와 똑같은 교통 흐름, 다양한 날씨, 수만 가지 돌발 상황을 가진 가상 세계를 만든다. 자율주행차에 탑재되는 AI는 이 디지털 트윈 속에서 하룻밤에 수백만 킬로미터를 '주행'하며 현실에서는 평생 겪기 힘든 온갖 위험한 상황들을 안전하게 경험하고 학습한다. 공장에 투입될 로봇 팔은 가상의 조립 라인에서 수십만 개의 부품을 조립해 보며 가장 효율적인 동선을 스스로 찾아낸다. 실패의 비용이 '0'에 가까운 이 가상 훈련장에서 AI는 빠르고 안전하게 실력을 키운다.

디지털 트윈이라는 놀이터가 있다면, 강화 학습은 그 안에서 AI를 가르치는 훈련법이다. 강화 학습의 원리는 우리가 강아지를 훈련시키는 방식과 놀라울 정도로 비슷하다. 강아지에게 "앉아."라는 말의 의미를 가르칠 때, 우리는 강아지가 우연히 엉덩이를 바닥에 붙이면 즉시 "잘했어!"라고 칭찬하며 간식을 준다. 이 '간식'이라는 긍정적 보상 Reward을 통해 강아지는 '앉는 행동'이 좋은 결과를 가져온다는 것을 배우고, 그 행동을 할 확률을 점점 높여 간다.

AI도 마찬가지다. 디지털 트윈 속에서 자율주행차가 차선을 잘 지키고 안전하게 주행하면 시스템은 AI에게 '플러스 점수'라는 보상을 준다. 반대로 차선을 이탈하거나 사고를 내면 '마이너스 점수'라는 벌을 준다. AI의 유일한 목표는 이 '누적 점수'를 최대화하는 것이다. AI는 어떤 행동이 더 높은 점수로 이어지는지를 수억, 수십억 번의 시행착오를 통해 스스로 학습한다. 인간이 'A 상황에서는 B를 해야 한다'고 일일이 가르쳐 주지 않아도, AI는 오직 '보상 극대화'라는 단 하나의 목표를 향해 달려가며 최적의 해법을 찾아내는 것이다. 이것이 바로 알파고가 수천 년 바둑의 역사를 뛰어넘어 새로운 수를 스스로 발견해 낸 원리이기도 하다.

21세기의 진짜 원유, '체화된 데이터'를 선점한 중국

흔히 '데이터는 21세기의 석유'라고 말한다. 이 비유는 피지컬 AI 시대에 이르러서야 진정한 의미를 갖게 된다. 챗GPT 같은 언어 모델이 학습하는 인터넷의 방대한 텍스트와 이미지 데이터는 분명 가치 있는 자원이다. 하지만 그 데이터는 대부분 누가, 언제, 어디서, 어떤 맥락에서 생성했는지 알 수 없는 추상적이고 파편화된 정보다.

반면에 피지컬 AI가 현실 세계와 상호작용하며 생성하고 소비하는 데이터는 차원이 다르다. 로보택시가 주행하며 수집하는 3차원 공간 정보, 도시의 모든 신호등과 보행자의 움직임 데이터, 공장 로봇이 부품을 조립하며 기록하는 미세한 움직임과 힘의 변화 데이터, 농업용 드론이 촬영하는 작물의 생육 상태 데이터. 이 모든 것은 시간과 공간 정보가 명확히 각인된, 물리적 현실에 대한 고도로 구조화된 기록이다. 이것이 바로 '체화된 데이터Embodied Data'다.

이러한 체화된 데이터야말로, 21세기 산업 경제를 움직일 진정한 '원유'라 할 수 있다. 인터넷 텍스트가 정제되지 않은 '셰일 오일Shale Oil'이라면, 체화된 데이터는 곧바로 고부가가치 제품을 만들 수 있는 최고급 '경질유Light Oil'에 가깝다. 그리고 이 원유를 가장 많이, 가장 다양하게 확보하는 국가나 기업이 가장 똑똑하고 안정적인 피지컬 AI를 훈련시킬 수 있는 독점적 우위를 갖게 될 것이다.

서구가 AI의 '정신Mind', 즉 언어 모델과 소프트웨어 지능 개발에 집중하는 동안, 중국은 지난 10년간 자국의 가장 큰 강점인 거대한 제조업 기반에 AI의 '신체'를 이식하는 일에 힘을 쏟아 왔다. 앞서 본 세 가지 장면은 바로 그 결과물이다. 이 경쟁은 단순히 더 똑똑한 로봇, 더 안전한 자율주행차를 만드는 것을 넘어선다. 제조업의 생산성을 근본적으로 바꾸고, 농업의 방식을 재정의하며, 물류 시스템을 혁신하고, 국방의 패러다임까지 뒤흔드는 거대한 변화의 시작이기 때문이다.

스크린 속에서 유창하게 말을 하던 AI가 이제 우리 곁의 현실로 걸어 나왔다. 피지컬 AI는 보이지 않는 거대한 동력으로 작용하며, 이미 우리 사회의 가장 깊숙한 곳을 바꾸기 시작했다. 이제 우리는 이 새로운 힘의 실체와 그것이 열어젖힐 미래의 양상을 정확히 이해해야 한다. 특히 중국이 이 새로운 경쟁 구도 속에서 어떤 거대한 청사진을 그리고 있는지 살펴보는 것은 머지않아 윤곽을 드러낼 지정학적, 경제적 지형도를 읽기 위한 가장 중요한 나침반이 될 것이다.

CHAPTER 2
치밀하게 설계된 스푸트니크 모멘트

구글의 딥마인드가 개발한 인공지능 알파고와 세계 랭킹 1위의 바둑 기사 커제 9단의 바둑 대국장. 결과는 3대 0. 인간의 완벽한 패배였다. 하지만 이날의 패배는 국가의 자원을 인공지능이라는 단 하나의 목표에 쏟아붓기 위한 최고의 명분이 되었으며, 마침내 국가 전체를 하나의 목표로 결집시키는 결정적 계기를 제공했다.

우전의 침묵과 거인의 각성

2017년 5월, 중국 저장성의 고즈넉한 수향水鄉(물이 흐르는 마을), 우전烏鎭에는 팽팽한 긴장감이 감돌았다. 이곳에서 열린 행사는 단순한 바둑 대국이 아니었다. 그것은 인류 지성의 최전선에서 벌어지는, 인간과 기계의 대리전이었다. 한쪽에는 세계 랭킹 1위의 바둑 기사 커제 9단이 앉아 있었다. 그는 수천 년간 이어 온 인간의 전략적 사고와 직관의 정점을 대표하는 인물이었다. 다른 한쪽에는 구글 딥마인드가 개발한 인공지능, 알파고가 있었다. 보이지 않는 유령처럼, 알파고는 모니터 뒤에서 조용히 자신의 수를 계산하고 있었다.

  결과는 일방적이었다. 3대 0. 커제는 단 한 판도 이기지 못했다. 하지만 세계를 놀라게 한 것은 단순한 점수 차가 아니었다. 패배를 인정한 커제의 소회는 한 천재 기사의 좌절을 넘어, 인류 전체가 맞닥뜨린 철학적 충격을 대변했다. 그는 알파고를 '바둑의 신神'이라 칭하며 이렇게 토로했다. "인류가 지난 수천 년간 개발하고 검증한 여러 전술을 구사했지만, 컴퓨터는 그것이 완전히 틀렸다고 딱 잘라 말했다." 이 말의 무게는 실로 엄청났다.

  바둑은 동아시아 문화권에서 단순한 게임을 넘어선다. 그것은 우주의 원리를 담은 축소판이자 전략과 철학, 예술이 결합된 지성의 정수라 할 수 있다. 그런 바둑의 세계에서 인간 최고수가 무력하게 무너지는 모습은, 인간 지성의 가장 깊고 성스러운 영역이 인간이 아닌 것에 의해 정복당했다는 크나큰 충격을 던져 주었다.

  알파고는 단순히 인간보다 계산을 빨리하는 기계가 아니었다. 인간이 한 번도 생각해 본 적 없는 새로운 수를 두었고, 수천 년 바둑 역사의 통념을 깨뜨리는 전략을 선보였다. 기계가 인간의 지식을 학습하는 것을 넘어, 새로운 지식을 '창조'할 수 있음을 증명한 것이다. 커제의 패배는 인간의 경험과 직관, 창의성에 기반한 지적 활동의 영역이 더는 인간만의 전유물이 아님을 알리는 상징적인 선언이었다.

우전의 대국장은 침묵에 휩싸였다. 그 침묵은 한 판의 바둑이 끝났음을 알리는 소리가 아니라, 하나의 시대가 저물고 새로운 시대가 열리고 있음을 알리는 거대한 굉음이었다. 그리고 이는 곧이어 중국 전역을 뒤덮을 또 다른, 훨씬 더 의도적인 침묵의 서곡이 되었다.

패배의 파급마저 통제하는 중국의 묘략

역사적인 대결이 펼쳐지는 동안, 중국에서는 기이한 일이 벌어졌다. 중국 정부가 이 대국의 생중계를 전면 금지하는 이례적인 조치를 내린 것이다. 당초 관영 CCTV China Central Television와 여러 인터넷 동영상 플랫폼에서 생중계할 예정이었지만, 대국 당일 갑작스럽게 모두 취소되었다. 중국의 바둑 팬들은 소셜미디어 웨이보微博 등에서 불만을 토로했고, 우회 접속과 '어둠의 경로'를 통해 유튜브에 접속하여 대국을 지켜봐야 했다.

이와 같은 조치를 두고 여러 해석이 나왔다. 가장 표면적인 이유는 자존심 문제였다. 자국의 바둑 최고수가 미국 기업이 만든 인공지능에 패배하는 장면이 14억 인민에게 실시간으로 전달되는 것을 원치 않았다는 분석이다. 또 다른 중요한 이유는 구글과의 불편한 관계였다. 구글은 2010년 중국 정부의 인터넷 검열에 반발해 중국 시장에서 철수했고, 이후 구글의 서비스 대부분은 중국의 '만리방화벽'에 막혀 있었다. 이런 상황에서 알파고 대국을 생중계하는 것은 사실상 중국이 차단한 미국 기업에 거대한 홍보 무대를 제공하는 셈이었다. 실제로 일부 언론은 '구글'이라는 단어 자체를 언급하지 말라는 지침을 받기도 했다.

하지만 이 조치를 단순히 패배를 감추려는 수동적인 은폐 행위나 구글에 대한 견제로만 해석한다면, 중국 공산당의 정교한 통치 기술과 전략적 계산을 과소평가하는 것이다. 여기서 주목해야 할 점은, 중국 정부의 조치가 완전한 보도 통제가 아니었다는 사실이다. 생중계는 금지되었지만, 대국 결과에 대한 후속 보도는 온라인과 방송을 통해 이루어졌다. 이는 중국 지도부가 사건 자체를 숨기려 한 것이 아니라, 사건이 대중에게 전달되는 '방식'과 그로 인한 '파급력'을 통제하려 했음을 시사한다.

생중계가 가진 힘은 예측 불가능성과 감정의 즉각적인 전파에 있다. 따라서 만약 커제의 처절한 표정, 패배 후의 눈물 같은 날것의 감정이 여과 없이 대중에게 전달되었다면, 통제 불가능한 사회적 혼란이 야기되거나 막연한 기술적 공포, 혹은 맹목적인 반미 감정이 들끓었을지도 모른다.

중국 지도부는 그런 불확실성을 원하지 않았을 뿐 아니라, 이야기의 주도권을 자신들이 쥐고 싶어 했다. 따라서 방송 중단 조치는 외부의 충격을 국가가 원하는 방향으로 정제하고 증폭시켜 내부의 동력으로 완벽하게 전환하기 위한, 고도로 계산된 전략의 첫 단추와도 같았다. 그들은 대중적 충격이 아닌, '관리된 충격'을 선택한 것이다.

정밀하게 조준하여 발사한 충격파

중국 지도부가 외부의 충격을 내부의 동력으로 전환하는 방식은 약 60년 전 미국이 겪었던 '스푸트니크 쇼크Sputnik Shock'와 극명한 대조를 이룬다.

1957년 10월, 소련이 인류 최초의 인공위성 '스푸트니크 1호'를 성공적으로 발사하자 미국 사회 전체는 거대한 충격과 공포에 휩싸였다. 기술적 우위를 자신했던 미국인들은 소련에 뒤처졌다는 사실에 경악했고, 언론은 연일 이 충격을 대서특필했다. 이는 곧 국가적 위기감으로 번졌고, 미국은 국가 차원의 구체적 행동에 돌입했다. 이듬해 미 항공우주국NASA과 국방고등연구계획국ARPA(훗날 DARPA)이 창설되었고, 과학 기술 교육에 막대한 예산을 쏟아붓기 시작했다. 대중에게 공개된 위기감이 국가 전체를 하나의 목표로 결집시키고, 거대한 변화를 이끌어 낸 원동력이 된 셈이다.

2017년 중국에서 일어난 일은 이와 정반대였다. 미국이 충격을 전 국민과 공유하며 위기를 동력으로 전환했다면, 중국은 충격이 대중에게 확산하는 것을 의도적으로 차단했다. 그렇다면 중국 정부가 만들어 낸 이 '관리된 스푸트니크 모멘트'의 충격파는 누구를 향한 것이었을까? 그 대상은 일반 대중이 아닌, 국가의 자원을 움직일 수 있는 힘을 가진 소수의 정치 및 기술 엘리트 집단이었다. 공산당의 고위 관료, 국영 기업의 경영진, 주요 대학과 연구소의 과학자들이 바로 충격파의 '정밀 조준' 대상이었다.

이 전략의 탁월함은 외부로 확산될 수 있었던 국가적 위기감을 낭비 없이 내부의 동력으로 응축시킨 데 있다. 일반 대중에게 커제의 패배를 최대한 노출하지 않고, 정책 결정자들에게는 그 패배의 의미를 집요하게 각인시켰다. "보시오. 이것이 우리가 직면한 현실이오. 우리의 최고 지성이 미국 기업의 기술 앞에 무너졌소. 인공지능 기술의 주도권을 확보하지 못하면, 미래의 경제와 안보 경쟁에서 뒤처질 수밖에 없소." 이러한 메시지는 방송국의 전파를 타지 않았지만, 당과 정부, 산업계의 회의실 안에서는 그 어떤 구호보다 강력한 설득력을 가졌다.

이처럼 '관리된 패배'는 거대한 국가 자원을 인공지능이라는 단 하나의 목표에 쏟아붓기 위한 최고의 정치적 명분이 되었다. 관료적 저항이나 예산 배분을 둘러싼 부처 간의 이견을 단번에 잠재울 수 있는 강력한 카드였던 셈이다. 이는 민주주의 사회에서는 상상하기 힘든

표 2-1. 스푸트니크 쇼크 vs. 알파고 쇼크

특징	스푸트니크 쇼크 (미국, 1957)	알파고 쇼크 (중국, 2017)
사건	소련의 세계 최초 인공위성 발사	구글 AI의 세계 최고 바둑기사 격파
충격의 성격	대중적, 광범위, 대중 매체를 통해 확산	통제됨, 선별적, 생중계 제한
대중 반응	국가적 불안감, 뒤처짐에 대한 공포, 공개적 토론	검열에 대한 불만, 엘리트 그룹의 경각심
정부 대응	공개적 국가 주도 사업 NASA, DARPA, 교육 개혁	비공개적 동원, 하향식 국가 전략 발표
주요 결과	우주 경쟁을 위한 사회 전반의 총력전	AI 패권을 위한 엘리트 중심의 총력전

방식의 의사결정 과정이다. 여론 수렴이나 사회적 합의 형성이라는 복잡한 과정을 건너뛰고, 엘리트 집단 내부에 절박한 공감대를 형성함으로써 국가적 총력전을 위한 정치적 의지를 사실상 '제조'해 내는 데 성공한 것이다. 외부적인 체면 손상을 최소화하면서, 내부적으로는 AI 기술 확보라는 국가적 과제에 대한 위기감을 최고조로 끌어올리는 것. 이것이 바로 중국식 스푸트니크 모멘트의 핵심이었다.

준비된 각본, 완벽한 무대

커제가 알파고에 무릎을 꿇은 지 불과 두 달 뒤인 2017년 7월, 중국 국무원은 하나의 문건을 발표한다. 바로 '차세대 인공지능 발전 계획_{新一代人工智能发展规划}'이다. 이 계획은 2030년까지 중국을 세계 최고의 인공지능 혁신 중심지로 만들겠다는 대담한 포부를 담고 있었다. 2030년까지 핵심 AI 산업 규모를 1조 위안(약 190조 원)으로 키우고, 관련 산업까지 합치면 그 규모가 10조 위안(약 1,900조 원)에 달할 것이라는 구체적인 목표치까지 제시했다.

이 계획이 발표된 시점은 결코 우연으로 보기 어렵다. 두 달이라는 시간은 이런 거대한 국가 전략을 처음부터 구상하고 수립하기에는 턱없이 부족하기 때문이다. 이는 '차세대 인공지능 발전 계획'이 알파고 쇼크에 대한 즉흥적인 대응이 아니었음을 명백히 보여 준다. 사실 중국의 AI에 대한 관심은 그 이전부터 꾸준했다. 2016년 알파고가 이세

돌 9단을 꺾었을 때, 중국에서는 2억 8천만 명이 경기를 지켜봤고 정부 내부자들은 이 사건을 '스푸트니크 모멘트'라고 불렀다. AI는 이미 '중국제조 2025'나 '제13차 5개년 계획(2016-2020년)'에서도 핵심 분야 중 하나로 언급되고 있었다.

따라서 계획의 뼈대는 이미 오래전부터 준비되어 있었고, 중국 지도부는 그것을 세상에 공개하고 강력하게 추진할 최적의 '정치적 순간'을 기다리고 있었을 가능성이 크다. 알파고와 커제의 대결은 바로 그 완벽한 순간을 제공했다. 그것은 중국의 거대한 AI 전략이라는 잘 짜인 각본의 서막을 여는 극적인 장치였다. 자국의 최고 영웅이, 자국의 땅에서, 미국의 기술 앞에 무너지는 상징적인 사건만큼 강력한 명분은 없었다. 이 사건은 어떤 관료적 저항도 무력화시키고 국가 전체의 자원을 AI라는 한 지점으로 결집시킬 수 있는 완벽한 촉매제였다.

이 계획은 단순한 기술 개발 로드맵이 아니었다. 경제, 사회, 국방, 거버넌스 등 사회 전반을 AI로 재편하겠다는 지정학적 선언문에 가까웠다. 군민융합軍民融合3을 통한 국방력 강화, 뇌과학과 AI를 결합하는 '뇌 유사 지능Brain-inspired Intelligence' 연구 등 그 야망의 깊이와 넓이는 상상을 초월했다. 우전의 침묵은 중국의 AI 굴기崛起를 세상에 알리는 가장 극적인 배경음악이 되었다.

'차세대 인공지능 발전 계획'은 빈말이 아니었다. 이 계획 발표 이후

---

3   민간 부문의 기술과 자원을 국방력 강화에 적극 활용하는 중국의 국가 전략.

중국 중앙정부와 지방정부는 AI 산업에 천문학적인 자금을 쏟아부었고, 전국 각지에 AI 시범구와 산업단지를 조성했다. 민간 기업들은 정부의 전폭적인 지원 아래 AI 기술 개발에 박차를 가했고, 중국은 불과 몇 년 만에 데이터의 양, AI의 응용, 관련 인재 배출 등 여러 가지 측면에서 미국을 위협하는 수준으로 성장했다.

2017년 5월의 패배는 끝이 아니라 시작이었다. 그것은 단순한 충격이 아니라, 중국이라는 거대한 용이 AI라는 새로운 경기장을 향해 날아오르기 위해 스스로에게 가한, 가장 고통스럽고도 효과적인 채찍질이었다. 우전의 조용한 대국장에서 울려 퍼진 거대한 굉음은 한 시대의 종말을 알리는 동시에, 21세기 기술 패권을 둘러싼 새로운 경쟁의 시작을 알리는 신호탄이었다. 커제의 눈물은 대중의 연민을 자아내는 대신, 국가의 두뇌를 깨우는 각성제가 되었다. 세계는 바둑판 위의 패배를 보았지만, 중국의 지도부는 그 너머에서 승리로 가는 길을 설계하고 있었다.

CHAPTER 3
피지컬 AI 패권을 향한 거대한 설계도

지난 10년간 중국이 펼쳐 온 피지컬 AI 전략은 3개의 막으로 구성된 한 편의 연극과 같다. 제1막에서는 AI가 깃들 '몸'을 만들고, 제2막에서는 그 몸을 움직일 '두뇌'를 설계했으며, 마지막 제3막에서는 마침내 둘을 하나로 합쳐 '영혼'을 불어넣는 작업을 시작했다. 이 거대한 청사진을 따라가다 보면, 새로운 게임의 판을 짜는 설계자가 되고자 하는 중국의 진짜 야망과 마주하게 된다.

모든 것은 각본에 따른 것이었다

중국의 기술 전략을 이해하는 것은 마치 스케일이 큰 연극 한 편을 감상하는 것과 같다. 무대 위에서는 화려한 조명 아래 배우들이 열연을 펼치지만, 연극의 플롯과 엔딩은 무대 뒤에서 모든 것을 감독하는 연출가의 머릿속에 있다. 우리가 챗GPT, 제미나이Gemini와 같은 언어 모델끼리의 한 판 승부에 온통 관심을 쏟는 동안, 중국은 전혀 다른 무대에서 훨씬 더 길고 장대한 서사시를 준비해 왔다. 그들의 목표는 단순히 경쟁에서 이기는 것이 아니라, 경쟁의 규칙 자체를 자신들에게 유리하게 바꾸는 것이다.

2017년 5월, 세계 최강의 바둑기사 커제가 알파고에 무릎을 꿇은 사건은 많은 이에게 중국의 AI 굴기가 시작된 '빅뱅'으로 기억된다. 하지만 그 사건은 거대한 계획의 이유이기보다, 이미 존재하던 계획을 전 국민적 공감대 속에서 가속하기 위한 완벽한 명분이자 극적인 장치였다.

중국 지도부는 이 사건을 하나의 정교한 정치극政治劇으로 활용했다. 대중과 관료 사회에 충격을 안겨 주어 '스푸트니크 모멘트'를 만들어 냈고, 이를 통해 거대한 국가 자원을 인공지능이라는 단 하나의 목표에 쏟아붓는 것에 대한 사회적 합의를 끌어냈다. 외부의 충격적 사건을 내부의 전략적 목표 달성을 위한 동력으로 전환하는 고도의 통치 기술이었던 셈이다.

그 명백한 증거가 알파고 쇼크 불과 두 달 뒤인 2017년 7월에 발표된 '차세대 인공지능 발전 계획'이다. 2030년까지 중국을 세계 최고의 AI 혁신 중심지로 만들겠다는 포괄적이고 구체적인 목표를 담은 이 문건은 결코 두 달 만에 즉흥적으로 만들어질 수 있는 수준이 아니다. 이렇듯 모든 것은 이미 잘 짜인 각본 위에 있었다.

제1막. 강철의 몸을 만들다 (2015~): 세계의 공장에서 세계의 로봇 군단으로

모든 이야기는 알파고 쇼크가 일어나기 2년 전인 2015년으로 거슬러 올라간다. 당시 중국 국무원이 발표한 '중국제조 2025$^{Made\ in\ China}$ 2025'는 세계의 공장을 넘어 '제조 강국'으로 도약하겠다는 야심 찬 선언이었다. 이 계획의 핵심은 단순히 더 많은 물건을 만드는 것이 아니라, 더 똑똑하고 효율적으로 만드는 것이었다. 그리고 그 중심에 '자동화 기계 및 로봇'이 10대 핵심 육성 분야 중 하나로 명시되었다. 이것이 바로 중국 피지컬 AI 전략의 제1막, 즉 AI라는 두뇌가 담길 물리적 '몸체'를 국가적 차원에서 구축하는 작업의 시작이었다.

중국 지도부는 21세기 국가 경쟁력의 핵심이 누가 더 아름다운 시를 쓰는 AI를 만드느냐가 아니라, 누가 현실 세계의 사물을 가장 효율적으로 만들고, 옮기고, 다루느냐에 달려 있다는 냉철한 판단을 내렸다. 몸이 없는 정신(AI)은 공허하다고 판단한 그들은, 우선 튼튼한 몸을 만드는 데 집중하기로 했다.

'중국제조 2025'는 단순히 중앙정부의 지침에 그치지 않았다. 지방정부, 국유 기업, 민간 자본에 '로봇 산업에 투자하라'는 강력한 시그널을 보냈다. 이 시그널을 받은 각 주체들은 중앙의 목표를 달성하기 위해 경쟁적으로 자원을 쏟아부었고, 이는 경직된 하향식 계획보다 훨씬 더 폭발적인 성장을 이끌어 냈다. 목표는 구체적이고 대담했다. 2025년까지 중국산 로봇의 자국 시장 점유율을 70%까지 끌어올리겠다는 것이었다. 이는 단순히 산업 보호주의를 넘어선 전략적 의도를 담고 있었다. 미래에 자국의 AI 두뇌를 이식할, 로봇이라는 통제권을 처음부터 확실히 장악하겠다는 선언이었다.

결과는 놀라웠다. 비록 70%라는 목표를 완전히 달성하지는 못했지만, 2024년 중국산 산업용 로봇의 시장 점유율은 52.3%를 기록하며 사상 처음으로 화낙Fanuc, ABB와 같은 막강한 외국 브랜드를 앞질렀다. 10년 전만 해도 상상하기 힘든 변화였다. 하지만 더 중요한 수치는 따로 있다. 국제로봇연맹International Federation of Robotics, IFR이 발표하는 '로봇 밀도Robot Density', 즉 제조업 노동자 1만 명당 운영되는 산업용 로봇의 수를 보면 중국의 변화는 더욱 극적으로 드러난다. 2023년 기준 중국의 로봇 밀도는 470대에 달했다. 이는 전통적인 제조업 강국인 독일(429대), 일본(419대), 그리고 미국(295대)을 모두 뛰어넘는 수치다.

이러한 수치는 서구의 AI 논의가 디지털 데이터에 집중하는 동안 중국이 무엇을 구축했는지를 명확히 보여 준다. 중국은 세계 최대의 로봇 시장이자, 가장 역동적인 로봇 시험장이 되었다. 공장에 설치된 수백만 대의 로봇들은 단순한 자동화 기계가 아니라, 물리적 세계와 상호작용하며 데이터를 수집하는 센서이며, 움직임, 마찰, 고장률, 자재 처리 등 모든 물리적 과정이 데이터가 되어 쌓인다. 이는 서구의 소프트웨어 기업들이 쉽게 접근할 수 없는 '물리적 데이터 해자垓子'를 구축한 것과 같다.

제1막의 목표는 성공적으로 달성되었다. 미래의 인공지능이 깃들 수백만 개의 강철 몸이 중국 전역의 공장에 배치된 것이다. 이제 연극

PART 1 철저히 준비된 각본

은 다음 막으로 넘어갈 준비를 마쳤다.

제2막. 알파고가 깨운 용의 두뇌 (2017~): 데이터라는 연료와 반도체라는 족쇄

튼튼한 강철의 몸이 준비되자, 이제 그 몸의 움직임을 지휘할 똑똑한 '두뇌'를 만들 차례였다. 2017년 7월 발표된 '차세대 인공지능 발전 계획'은 제2막의 대본이었다. 이 계획은 2030년까지 중국을 '세계 최고의 AI 혁신 중심지'로 만들겠다는 대담한 선언과 함께, 핵심 AI 산업 규모를 1조 위안(약 190조 원) 이상으로 키우겠다는 구체적인 수치까지 제시했다.

이 계획의 가장 무서운 점은 단순히 연구개발 자금을 쏟아붓겠다는 선언에 그치지 않았다는 것이다. 여기에는 오직 중국의 국가 시스템만이 내릴 수 있는 의사결정이 포함되어 있었다. 바로 AI를 전기나 증기기관처럼 모든 산업에 활용되고 사회 전반에 영향을 미칠 수 있는 '범용 기술General-Purpose Technology'로 정의 내리고, 국가가 보유한 방대한 데이터를 전략적 자산으로 공식화한 것이다.

이는 개인정보보호General Data Protection Regulation, GDPR와 같은 엄격한 규제와 사생활에 대한 사회적 합의가 존재하는 서구 민주주의 국가들은 결코 쉽게 따라 할 수 없는 구조적 이점을 자국 기업들에게 제공하는 것이었다.

AI 기술을 데이터, 알고리즘, 컴퓨팅 파워라는 세 가지 구성 요소로 나눠서 보면, 중국이 왜 이러한 결정을 했는지 금세 이해할 수 있다. 그들이 처한 알고리즘과 컴퓨팅 파워 측면에서의 열세를 압도적인 데이터의 양과 이에 대한 접근성으로 극복하겠다는 전략을 공식화한 것이다. 1장에서 언급했듯 '데이터는 21세기의 원유'이며, 중국 정부는 국가 차원에서 유전을 통째로 자국 기업들에게 넘겨준 셈이다.

하지만 이 거대한 야망에는 치명적인 아킬레스건이 존재했다. 바로 데이터를 처리하고 AI 모델을 훈련시킬 '정유 공장', 즉 고성능 반도체의 높은 해외 의존도였다. 중국이 데이터라는 원유를 무한정 퍼 올릴 수 있다 해도, 이를 정제할 핵심 기술은 미국이 주도하는 서구에 종속되어 있었다.

이 약점을 간파한 미국은 AI 칩과 반도체 제조 장비에 대한 강력한 수출 통제 조치를 단행했다. 여기에는 중국의 AI 두뇌 개발에 직접적인 타격을 가하려는 명백한 의도가 깃들어 있었다. 중국 기술 기업의 임원들조차 "투자 자금 유치보다 첨단 칩 공급 루트가 차단된 것이 더 큰 문제"라고 토로할 정도였다.

미국의 수출 통제는 제2막의 극적 갈등을 최고조로 끌어올렸다. 이는 중국에게 외세 의존이 얼마나 위험한지를 다시 한번 각인시키는 계기가 되었고, '독자적이고 통제 가능한' 기술 생태계 구축을 국가의 최우선 과제로 부각시켰다.

아이러니하게도 미국의 압박은 단기적으로 중국의 발목을 잡았지만, 장기적으로는 중국이 덜 효율적인 하드웨어로 더 높은 성능을 짜

내는 기술을 손에 쥐게 하는 예상치 못한 결과를 낳을 수도 있다. 데이터라는 막강한 무기와 반도체라는 족쇄 사이의 팽팽한 긴장감 속에서, 제2막의 이야기는 여전히 현재 진행형이다.

제3막. 영혼과 육체의 결합, 구신지능(2021~): 실리콘밸리에서 주장강 삼각주로

몸과 뇌가 준비되자, 마침내 둘을 하나로 합쳐 영혼을 불어넣는 마지막 단계가 시작되었다. 이 마지막 막의 제목은 바로 '구신지능', 즉 '몸을 갖춘 지능'이다. 이 단어가 2024년 3월, 중국의 가장 중요한 정치 행사인 양회의 정부 업무 보고에 처음으로 명시된 것은 이 거대한 3막 전략의 화룡점정이었다. AI를 휴머노이드 로봇이나 자율주행차 같은 물리적 실체와 결합하는 것이 더 이상 일부 기업의 연구 과제가 아니라, 반도체나 우주 개발처럼 국가의 명운을 건 가장 중요한 미래 산업이 되었음을 공식적으로 선언하는 순간이었다.

구신지능이란 무엇인가? 쉽게 말해, 챗GPT처럼 인터넷의 텍스트만 읽고 배우는 클라우드 컴퓨터 속 알고리즘이 아니라, 로봇의 몸을 통해 직접 세상을 만지고, 느끼고, 부딪히며 배우는 AI를 의미한다. 아기가 넘어지고 일어나기를 반복하며 걷는 법을 배우듯, 구신지능은 물리적 세계와의 끊임없는 시행착오를 통해 진짜 지능을 습득할 수 있다는 철학에 기반한다.

중국이 이 구신지능에 국가적 역량을 집중하는 이유는 명확하다.

이것이야말로 AI 경쟁의 판도를 자신들에게 유리하게 바꿀 수 있는 최고의 '게임 체인저'라고 믿기 때문이다. 서구, 특히 실리콘밸리가 소프트웨어와 알고리즘의 우위를 통해 AI 경쟁을 주도하려 한다면, 중국은 자신들의 압도적인 제조업 기반과 하드웨어 생태계를 이용해 전장戰場을 데이터센터 안에서 공장과 도시라는 물리적 세계로 확장하려 한다. 중국은 자신들이 가장 잘 싸울 수 있는 장소, 즉 제1막에서 공들여 만들어 놓은 세계 최대의 로봇 시장과 생산 기지를 배경으로 경기를 치르려 하는 것이다.

이 전략의 구체적인 결과물들은 이미 현실 세계에 등장하고 있다. 그 첫 번째는 휴머노이드 로봇 군단이다. 유니트리 로보틱스Unitree Robotics의 'H1'은 인간처럼 빠르게 달리고 공중제비를 도는 놀라운 운동 능력을 선보였고, 푸리에 인텔리전스Fourier Intelligence의 'GR-1'은 세계 최초로 양산을 목표로 의료, 연구 현장에 투입되고 있다. 아스트리봇Astribot의 'S1'은 와인을 따르고, 붓글씨를 쓰고, 섬세하게 오이를 써는 등 인간의 정교한 손동작을 놀라운 속도로 재현해 냈다.

두 번째는 자율주행 함대다. 바이두의 '아폴로 고'는 이미 16개 도시에서 1,400만 건 이상의 로보택시 운행을 완료했으며, 2025년 2분기에만 220만 건의 완전 무인 주행을 기록했다. 포니닷에이아이 역시 4,500만 킬로미터 이상의 누적 주행 데이터를 바탕으로 로보택시와 로보트럭의 상용화를 이끌고 있다. 이들은 단순한 기술 시연이 아니다. 바이두가 가장 먼저 도달한 1,400만 건의 주행은 그 자체로 경쟁자들이 따라올 수 없는 방대한 양의 실제 도로 데이터를 축적하는 과정이다. 이는 상용화를 통해 데이터를 다시 확보하고, 그 데이터로 AI를 더욱 고도화시켜 더욱더 광범위하게 상용화시킬 수 있는 강력한 선순환 구조, 즉 '데이터 복리 엔진'을 가동시키는 것과 같다. '구신지능'의 공식화는 AI 혁명의 중심을 실리콘밸리의 서버실에서 주장강 삼각주의 공장으로 옮기려는 중국의 노골적인 의도를 보여 준다.

예측 불가, 상상 초월의 무대가 펼쳐진다

중국이 치밀하게 짜인 3막 연극을 상연하는 동안, 미국과 유럽은 각기 다른 극본으로 다른 무대에 서 있었다. 이는 단순한 기술 격차의 문제가 아니라, 21세기 기술 발전을 이끄는 근본적인 철학과 시스템의 차이를 보여 준다.

미국의 연극은 '민간 주도의 혁신과 정부의 기초과학 지원'이라는 제목을 붙일 수 있다. 2011년 시작된 '국가 로봇 이니셔티브National Robotics Initiative'는 국립과학재단National Science Foundation, 항공우주국NASA, 국립보건원National Institute of Health 등 정부 기관이 협력하여 대학과 연구소의 기초 연구를 지원하는 형태다. 정부는 산업의 방향을 직접 지시하기보다는, 인간과 협력하는 '코로봇Co-robot' 같은 차세대 기술의 씨앗을 뿌리는 역할에 집중한다. 진짜 주인공은 보스턴 다이내믹스, 테슬라, 아마존 로보틱스와 같은 거대 민간 기업과 스탠다드봇츠Standard Bots처럼 역동적인 스타트업들이다. 이들은 시장의 필요와 자본의 논리에 따라 움직이며 파괴적 혁신을 만들어 낸다.

반면, 유럽의 무대는 '규제와 가치 중심의 질서 구축'이라는 드라마다. 유럽연합EU의 전략은 '인간 중심의 신뢰할 수 있는 AI 생태계'를 만드는 데 초점이 맞춰져 있다. 세계 최초의 포괄적인 AI 규제법인 'AI 액트AI Act'야말로 이를 상징적으로 보여 준다. 연구개발 자금은 '호라이즌 유럽Horizon Europe'과 같은 프로그램을 통해 지원되지만, 이는 항상 윤리적 가이드라인과 사회적 편익이라는 틀 안에서 이루어진다. 유럽은 기술 생산 경쟁에서 한발 비켜서서, 기술이 지켜야 할 규칙을 만드는 '글로벌 심판'이 되고자 한다.

이 세 가지 다른 연극은 결국 21세기 기술 패권을 둘러싼 세 가지 다른 철학의 경쟁이다. 중국의 국가 주도 총력전 모델, 미국의 민간 주도 시장 혁신 모델, 유럽의 규제 주도 가치 확립 모델 중 어느 것이 미래를 지배하게 될지는 아직 그 누구도 알 수 없다.

표 3-1. 기술 개발을 바라보는 서로 다른 철학

구분	중국	미국	유럽연합
동인	국가 주도 산업 정책Top-down	민간 기업 주도 혁신Bottom-up	규제 및 가치 기반 접근Regulation-driven
초점	하드웨어 통합 및 대규모 상용화	기초 연구 및 파괴적 기술 개발	신뢰성, 안전, 윤리적 프레임워크 구축
주요 정책 / 이니셔티브	중국제조 2025, 차세대 AI 발전 계획, 구신지능	국가 로봇 이니셔티브NRI, 민간 기업 R&D (보스턴 다이내믹스, 테슬라)	AI 액트, 호라이즌 유럽
궁극적 의도	속도와 규모를 통한 산업 지배	시장 경쟁을 통한 기술적 우위 확보	규칙과 표준을 통한 글로벌 영향력 행사

지난 10년간 중국이 걸어온 길은 결코 우연의 산물이 아니었다. '몸체의 구축'에서 '두뇌의 설계'로, 그리고 마침내 '영혼과 육체의 융합'으로 이어지는 거대하고 일관된 전략적 흐름이었다. 이 청사진을 이해하는 것은, 앞으로 펼쳐질 21세기 기술 패권 경쟁의 미래를 예측하는 첫걸음이 될 것이다. 표 3-2는 지난 10년간 중국이 피지컬 AI 패권을 장악하기 위해 설계하고 실행해 온 정책의 궤적을 요약한 것이다.

이 거대한 청사진은 이제 막 완성되었을 뿐이다. 진짜 이야기는 지

표 3-2. 피지컬 AI 패권을 향한 중국의 정책 변화

정책명	발표 연도	핵심 목표	주요 육성 분야	주요 목표
중국제조 2025	2015	제조업 고도화 및 기술 자립	산업용 하드웨어 (로봇, 자동화)	2025년까지 중국산 로봇 시장 점유율 70% 달성
차세대 AI 발전 계획	2017	AI 분야 글로벌 리더십 확보	AI 알고리즘 및 소프트웨어	2030년까지 세계 주요 AI 혁신 센터로 도약
14차 5개년 계획	2021	디지털 경제 전환 가속화	지능형 제조, 로봇 산업 심화	2025년까지 로봇 산업 연평균 20% 이상 성장
'로봇+' 응용 행동 실시 방안	2023	로봇 기술의 전 산업 확산	제조업, 의료, 물류 등 10대 중점 분야별 적용	10대 중점 응용 분야 지정 및 확산 촉진
구신지능	2024	피지컬 AI를 국가 핵심 과제로 공식화	물리적 융합 (휴머노이드, 자율주행차)	정부 업무 보고에 최초 명시, 국가 전략으로 격상

금부터 시작이다. 미국의 반도체 통제라는 결정적 변수와 유럽의 규제라는 또 다른 흐름 속에서 중국의 3막 연극이 과연 성공적인 피날레를 맞이할 수 있을까? 아니면 예상치 못한 전개로 새로운 막이 오르게 될까? 확실한 것은, 이 연극의 결말이 21세기 기술 지형의 미래를 결정하게 될 것이라는 점이다. 자, 이제 용의 심장부를 향해 더 깊숙이 들어가 보자.

PART 2
피지컬 AI 시대, 기술 패권 전쟁

'백모대전'이라는 용광로가 한창 뜨겁게 달아오르던
2023년, 경쟁의 판을 흔드는 침입자가 등장했다.

CHAPTER 4
용의 발톱이 된 국가대표 기업들

중국의 거대 전략은 추상적인 계획에 머무르지 않는다. 마치 잘 짜인 군대처럼 각자의 영역을 책임지는 선봉 기업, 즉 '국가대표'들을 통해 구체적인 현실로 구현된다. 국가가 총사령부라면 이 기업들은 하늘과 땅, 그리고 공장을 책임지는 특수 부대와 같다. 이들의 움직임을 이해하는 것은 21세기 기술 패권 경쟁의 본질을 파악하는 것과 같다. 지금부터 그 현장으로 깊숙이 들어가 보자.

'용의 발톱'으로 설계된 거인들

실리콘밸리의 기업 생태계는 오직 강한 자만이 살아남을 수 있는 정글과 같다. 이에 반해 중국은 국가라는 거대한 전략가가 바둑판 위에 돌을 놓듯 핵심 기업을 배치하는 거대한 기원棋院과 같다. 수많은 작은 돌이 어지러이 싸우도록 내버려 두지 않고, 몇 개의 결정적인 '대마大

馬'를 키워 집을 확보하고 판 전체를 장악하려는 것이다.

이 전략의 핵심은 '영역별 지배Domain-specific Dominance'라는 매우 영리한 모델이다. 특정 기술 분야에서 소수의 기업을 집중적으로 지원해 세계적인 경쟁력을 갖춘 거인으로 키우는 방식이다. 무의미한 내부 경쟁으로 힘을 소진하는 대신, 각자의 전장에서 세계 최고가 되라는 국가적 명령인 셈이다. 이러한 접근 방식은 기술 패권 경쟁에서 승리하려면 서구처럼 시장의 보이지 않는 손에 맡겨서는 안 된다는 철학에 기반을 둔다. 이러한 전략적 사고의 차이는 단순한 경제 모델의 차이를 넘어, 기술 발전의 속도와 방향성 자체를 결정짓는 핵심 변수가 된다. 이는 2015년에 발표된 '중국제조 2025'와 같은 거대 산업 정책의 구체적인 실행 방식이기도 하다.

이번 장에서는 중국이라는 거대한 용의 발톱과 이빨로서 피지컬 AI라는 새로운 전장을 정복해 나가는 네 개의 핵심 기업을 살펴볼 것이다. 하늘의 지배자 DJI, 거리의 정복자 바이두, 공장의 혁신가 유비테크, 그리고 이 모든 것을 가능하게 하는 기술 자립의 심장 화웨이. 이들은 각자의 영역에서 어떻게 세계를 제패하고 있으며, 그들의 성공은 중국의 거대한 청사진 속에서 어떤 의미를 갖는지 깊이 들여다보자. 더 나아가, 미국과 중국의 이분법적 대결 구도를 넘어, '규제'라는 독특한 무기를 들고 이 경쟁에 뛰어든 제3의 플레이어, 유럽연합의 전략까지 분석하며 21세기 기술 패권 지형도를 입체적으로 그려 볼 것이다.

표 4-1. 중국의 국가대표 피지컬 AI 기업들

회사명	주요 영역	핵심 제품/플랫폼	시장 지위 및 핵심 성과	국가 전략 내 역할
DJI	공중 로보틱스 (드론)	매빅 Mavic (소비자용), 매트리스 Matrice (산업용), 아그라스 Agras (산업용)	글로벌 상업용 드론 시장 70% 이상 점유	물리적 세계의 '체화된 데이터' 수집, 데이터 주권 확보의 첨병
바이두	자율주행 모빌리티	아폴로 고 Apollo Go	누적 운행 1,400만 건 돌파 (2025년 8월 기준)	'살아 있는 실험실' 독점을 통한 AI 모델 훈련 및 글로벌 기술 표준화
유비테크	휴머노이드 로봇	워커 S Walker S 시리즈	12개 제조사로부터 500대 이상 주문 확보	제조업 패러다임 전환('노동력'에서 '로봇력'으로), 노동의 종말 예고
화웨이	기반 기술 (AI 반도체)	어센드 Ascend AI 칩, CANN/마인드스포어 MindSpore 플랫폼	중국 내 엔비디아 대체 AI 칩 최대 공급자	미국의 기술 제재에 맞선 '기술 주권' 확보, 독립적 AI 생태계 구축

하늘의 눈, 데이터 패권을 쥐다

중국의 국가대표 전략을 이야기할 때 DJI를 빼놓을 수 없다. 이곳은 단순히 성공한 기업을 넘어, 하나의 산업 생태계 그 자체이기 때문이다. 각종 시장 조사 보고서들은 조금씩 다른 수치를 제시하지만, 전 세계 상업용 드론 시장에서 DJI의 점유율이 70%를 훌쩍 넘는다는 점에는 이견이 없다. 이는 특정 기업이 시장을 선도하는 수준을 넘어, 사실상 시장의 규칙을 정의하는 독점적 지위에 있음을 의미한다.

    DJI의 이야기는 한때 값비싼 군사용 장비나 전문가의 영역이었던 드론을 누구나 손쉽게 사용할 수 있는 소비재로 탈바꿈시킨 혁신에서 시작됐다. 뛰어난 비행 안정화 기술과 고성능 카메라를 결합한 '매빅'이나 '팬텀Phantom' 같은 제품으로 소비자 시장을 석권했다. 하지만 DJI의 진정한 힘은 취미용 드론을 넘어, 농업, 건설, 에너지, 공공 안전과 같은 산업 현장의 필수 도구로 진화하면서 드러났다. 1장에서 보았듯, DJI의 농업용 드론 '아그라스'는 AI를 이용해 필요한 곳에만 정밀하게 농약을 살포하며 생산성을 극대화한다. 건설 현장에서는 수백만 장의 사진을 촬영해 3D 모델을 만들고, 송유관이나 송전탑 같은 거대한 인프라를 점검하는 위험한 임무를 사람 대신 수행한다.

    여기서 주목해야 할 점은 DJI가 단순한 하드웨어 제조사를 넘어, 거대한 데이터 플랫폼 기업으로 변모했다는 사실이다. DJI의 드론은 하늘을 날아다니는 고성능 센서 뭉치다. 이들이 수집하는 고해상도 이미지, 열화상 정보, 3차원 공간 데이터는 1장에서 강조했던 '체화된 데이터'의 가장 중요한 원천 중 하나다. DJI의 압도적인 시장 지배력은 곧 중국이 전 세계 하늘에서 수집되는 가장 방대하고 다양한 물리적 데이터를 통제할 수 있는 힘을 갖게 된다는 것을 의미한다. 이는 다른 나라들이 미묘하지만 심각한 의존성을 갖도록 만든다. 전 세계의 농장, 건설 현장, 중요 인프라 시설들이 중국 기업이 만든 하드웨어와 소프트웨어를 사용해 데이터를 수집하고 있는 셈이다.

바로 이 지점에서 DJI를 둘러싼 지정학적 논란이 시작된다. 미국의 국방부는 2022년 10월, DJI를 '중국 군사 기업' 명단에 포함시켰다. 이 결정의 배경에는 중국의 '군민융합軍民融合, Military-Civil Fusion' 전략에 대한 깊은 우려가 깔려 있다. 군민융합은 민간 부문의 기술과 자원을 국방력 강화에 적극적으로 활용하는 국가 전략이다. 미국 정부의 시각에서 볼 때, DJI가 상업적 목적으로 수집한 방대한 지형 및 시설 데이터가 중국의 국가정보법에 따라 언제든 국가 안보 목적으로 활용될 수 있다는 가능성을 배제할 수 없다. 이는 DJI 드론이 단순한 촬영 장비가 아니라, 잠재적인 정보 수집 도구가 될 수 있다는 의미다. 이러한 우려는 미국 연방정부 기관들의 DJI 드론 구매 금지 조치로 이어졌고, 나아가 DJI 제품의 미국 내 통신 인프라 접근을 차단하려는 법안까지 발의되는 상황으로 번졌다.

물론 DJI는 이러한 주장에 강력하게 반박한다. DJI는 국영 기업이 아니며, 국가 소유 기업의 지분율은 4.3%에 불과하고 의결권은 0.5%에 그친다고 주장한다. 또한 자사의 제품은 순수하게 민간용으로 설계되었으며, 제품이 무기화되는 것에 반대한다는 입장을 분명히 하기 위해 2022년 러시아와 우크라이나 양국에서의 사업을 전면 중단하는 조치를 취하기도 했다.

하지만 이 논쟁의 핵심을 파고들면, DJI의 의도나 소유 구조와는 다른 차원의 문제가 드러난다. DJI의 상업적 성공 그 자체가 지정학적 문제를 야기하는 역설적인 상황이 벌어진 것이다. 미국 안보 당국의 진짜 우려는 DJI가 악의적인 스파이 기업이라는 것보다, 전 세계 물리적 데이터 수집 인프라의 70% 이상을 단 하나의 중국 기업이 장악하고 있다는 '구조적 현실' 그 자체에 있다. 설령 DJI가 완벽하게 선량한 민간 기업이라 할지라도, 중국의 법률 체계 아래에서는 국가가 요구할 경우 데이터를 제공해야 할 의무에서 자유로울 수 없다는 점이 문제의 본질이다. 결국 DJI의 사례는 피지컬 AI 시대의 패권 경쟁이 기술의 우위를 넘어, 데이터를 생성하는 '인프라'의 통제권을 둘러싼 싸움임을 명확하게 보여 준다. DJI의 상업적 성공은 단순히 경제적 성과를 넘어, 중국의 지정학적 영향력을 하늘로 확장시키는 강력한 도구가 되고 있다.

도로 위의 제국, 살아 있는 실험실을 독점하다

하늘을 DJI가 장악했다면, 땅, 특히 복잡한 도시의 거리는 바이두의 몫이다. 한때 중국의 구글이라 불리며 검색 엔진 시장을 호령했던 바이두는 일찌감치 AI와 자율주행으로 방향을 틀었고, 이제 '아폴로 고'라는 이름의 로보택시 서비스로 세계 최대의 자율주행 운영사로 거듭났다.

바이두가 구사하는 전략의 힘은 그 압도적인 규모에서 비롯된다. 2025년 8월 기준으로 아폴로 고의 누적 운행 건수는 1,400만 건을 돌파했다. 특히 2025년 2분기에만 운전자 없는 완전 무인 주행을 220만 건 이상 완료했는데, 이는 전년 동기 대비 148%나 급증한 수치다. 이것은 더 이상 일부 지역에서의 기술 시연이 아니라. 베이징, 우한, 충칭 등 중국의 가장 복잡한 대도시들에서 이미 수백만 명의 시민이 일상적으로 이용하는 대중교통 서비스로 자리 잡았다는 의미다.

바로 이 지점에서 바이두는 다른 경쟁자들이 따라올 수 없는 강력한 해자를 구축하고 있다. 중국이라는 거대한 '살아 있는 실험실'을 독점적으로 활용하고 있는 것이다. 자동차, 전기 자전거, 보행자가 뒤엉켜 예측 불가능한 상황이 수시로 발생하는 중국의 도심은 자율주행 AI를 훈련시키는 데 최고의 교재다. 잘 정돈된 미국 캘리포니아의 도로에서는 평생 한 번 마주치기 힘든 수많은 '롱테일 엣지 케이스Long-tail Edge Cases', 즉 극히 드물게 발생하는 돌발 상황들을 바이두의 차량들은 매일 수천, 수만 번씩 경험하며 학습한다.

이 방대한 실제 주행 데이터는 바이두의 가장 강력한 무기다. AI 모델의 성능은 결국 데이터의 양과 질에 의해 결정된다. 시뮬레이션 데이터가 아무리 정교해도, 현실 세계의 무질서와 예측 불가능성을 완벽하게 대체할 수는 없다. 바이두는 '데이터 플라이휠Data Flywheel' 효과를 극대화하고 있다. 더 많은 차량을 배치함으로써 더 많은 현장의 데이터를 수집하고, 그 데이터로 AI 모델을 개선하며, 개선된 모델을 더 넓은 지역으로 확장 배치하는 선순환 구조를 완성한 것이다.

이 강력한 데이터 엔진에 부스터를 달아 주는 것이 바로 중국의 법률 체계다. 중국의 사이버보안법Cyber Security Law, CSL, 데이터보안법Data Security Law, DSL, 개인정보보호법Personal Information Protection Law, PIPL 등은 데이터 현지화Data Localization를 강력하게 규정하고 있다. 중국 내에서 생성된 차량 데이터, 특히 위치 정보, 센서 데이터, 운전자 행동 데이터 등은 원칙적으로 중국 내 서버에 저장되어야 하며, 국외로 이전하기 위해서는 정부의 엄격한 심사를 거쳐야 한다. 이는 테슬라나 웨이모 같은 외국 기업들이 중국의 풍부한 주행 데이터를 자국으로 가져가 자신들의 글로벌 AI 모델을 훈련시키는 것을 사실상 불가능하게 만든다. '데이터 만리장성'이야말로 바이두에게 넘볼 수 없는 독점적 데이터 우위를 제공하는 강력한 방화벽 역할을 한다.

이처럼 자국 시장에서 압도적인 데이터 우위를 확보한 바이두는 이제 세계로 눈을 돌리고 있다. 하지만 그 방식은 직접 차량을 운영하는 대신, 현지의 지배적 사업자와 손을 잡는 '트로이 목마' 전략에 가깝다. 최근 바이두는 우버Uber, 리프트Lyft와 같은 글로벌 차량 공유 플랫폼과 잇달아 파트너십을 체결하고 아시아, 중동, 유럽 시장으로의 확장을 본격화하고 있다. 여기에는 단순히 시장을 넓히는 것을 넘어, 자사의 자율주행 기술 스택을 글로벌 표준으로 만들려는 야심이 깃들어 있다. 자사 기술을 타사의 플랫폼에 이식하는 전략으로, 막대한 비용과 규제 장벽을 우회하며 전 세계 도로의 주도권을 확보하려는 것이다.

바이두의 사례는 피지컬 AI 시대의 경쟁 구도가 어떻게 변하고 있는지를 잘 보여 준다. 과거의 기술 경쟁이 더 뛰어난 알고리즘을 개발하기 위한 실험실 안의 싸움이었다면, 이제는 더 풍부하고 복잡한 현실 세계 데이터에 접근할 수 있는 권한을 둘러싼 싸움으로 변모하고 있다. 중국 정부는 자국 기업에게 세계에서 가장 역동적인 '살아 있는 실험실'에 대한 독점적 접근권을 부여함으로써, 이 경쟁의 규칙 자체를 바꾸고 있다. 자율주행 경쟁은 이제 순수한 기술 경쟁이 아니라, 데이터 주권을 둘러싼 지정학적 대리전의 양상을 띠고 있다.

공장의 새로운 지배자, 노동의 종말을 고하다

하늘과 거리가 각각 DJI와 바이두의 영역이라면, 미래 제조업의 심장부인 공장은 유비테크의 무대다. 이 회사는 휴머노이드 로봇 '워커 S'를 통해 피지컬 AI 혁명의 다음 단계를 보여 주고 있다. 바로 인간과 같은 형태의 로봇이 인간을 위해 설계된 공간에서, 인간의 작업을 대체하는 시대다.

유비테크의 등장은 지난 수십 년간 세계 제조업의 패러다임이었던 '노동비용 차익거래Labor Arbitrage [1]' 시대의 종말을 예고한다. 더 싼 인건비를 찾아 공장을 해외로 이전하던 시대는 저물고 있다. 중국 스스로도 더 이상 값싼 노동력에 의존할 수 없는 상황에 직면했다. 생산 가능 인구는 꾸준히 감소하고 인건비는 급등하고 있기 때문이다. 이제 경쟁의 규칙은 '누가 더 저렴한 노동력을 가졌는가'에서 '누가 더 효율적인 로봇을 가졌는가'로 바뀌고 있다. 유비테크가 이끄는 휴머노이드 혁명은 바로 그 새로운 게임의 시작을 알리는 신호탄이다.

유비테크의 전략은 중국의 또 다른 국가 전략 산업인 전기차EV 분야와 완벽히 맞물려 돌아갈 때 특히 빛난다. 워커 S 로봇은 니오Nio, 지커Zeekr, BYD와 같은 중국의 대표적인 전기차 공장 조립 라인에 이미 투입되어 실전 테스트를 거치고 있다. 자동차 문을 부착하고, 품질을 검사하며, 부품을 옮기는 등 기존의 고정형 로봇 팔이 하기 어려웠던 복

---

[1] 인건비가 저렴한 국가로 생산 기지를 이전함으로써, 비용 차이만큼의 이익을 얻기 위한 경영 전략.

잡하고 유연한 작업들을 수행한다. 이는 3장에서 설명한 중국의 3막 전략, 즉 '몸체로봇', '두뇌AI', 그리고 '융합구신지능'이 어떻게 현실에서 구현되는지를 명확히 보여 주는 사례다. 전기차 공장은 휴머노이드 로봇에게 가장 이상적인 첫 번째 시장이자 훈련장이다. 고도로 자동화되어 있지만 여전히 수많은 인간 작업자를 필요로 하는 전기차 조립 라인은, 인간의 작업 환경에 그대로 투입될 수 있는 휴머노이드 로봇의 가치를 증명하기에 최적의 장소이기 때문이다.

특히 2025년에 공개된 '워커 S2' 모델은 이 혁명을 한 단계 더 앞으로 나아가게 했다. 세계 최초로 자율 배터리 교환 기술Hot-swap System을 탑재한 것이다. 배터리가 부족해지면 로봇은 스스로 충전소로 이동해 방전된 배터리 팩을 새것으로 교체하고 다시 작업에 복귀한다. 이는 인간의 개입 없이 진정한 24시간 7일 무중단 운영이 가능해졌음을 의미하며, 휴머노이드 로봇이 단순한 보조 도구를 넘어 완전한 자율 노동력으로 진화할 수 있는 길을 열었다.

이것은 더 이상 일개 연구실 차원의 꿈이 아니다. 유비테크는 이미 12개 제조 기업으로부터 500대 이상의 주문을 확보했다고 밝혔으며, 이는 휴머노이드 로봇이 상업적 현실이 되고 있음을 증명한다. 유비테크의 성공은 제조업의 지경학적Geoeconomics[2] 지형을 근본적으로 바꿀 잠재력을 품고 있다. 생산 비용 중 인건비가 차지하는 비중이

---

2   지정학과 경제학을 합친 표현으로, 각국이 고관세 정책과 같은 경제 수단을 통해 목표를 관철하려는 현상을 다루는 학문.

극적으로 줄어든다면, 기업들은 더 이상 저임금 국가를 찾아다닐 필요가 없어진다. 대신, 거대 시장이나 기술 허브 인근에 고도로 자동화된 '로봇 공장'을 짓는 것이 더 합리적인 선택이 될 수 있다. 이는 지난 수십 년간 이어져 온 글로벌 공급망의 대대적인 재편, 즉 '리쇼어링 Reshoring[3]'을 촉발할 수 있다. 누가 가장 먼저 효율적이고 저렴한 휴머노이드 로봇을 대량 생산하고 보급하는가에 따라, 다음 세대의 글로벌 제조업 패권이 결정될 것이다. 유비테크는 그 경쟁의 선두에 서 있다.

보이지 않는 제국의 건설자, 기술 전쟁의 최전선에 서다

DJI, 바이두, 유비테크가 각자의 전장에서 화려한 전투를 벌이는 주력 부대라면, 화웨이는 이 모든 것을 가능하게 하는 강력한 기술 기반을 제공하는 보이지 않는 조력자이자 병참 기지다. 화웨이의 역할은 미국의 거센 제재 속에서 중국 피지컬 AI 생태계의 '기술 주권 Technological Sovereignty'을 지켜 내는 것이다.

2022년 10월부터 본격화된 미국의 반도체 수출 통제는 중국의 AI 발전에 가장 큰 위협이었다. AI 모델을 훈련하고 운영하는 데 필수적인 엔비디아의 고성능 GPU 칩에 대한 접근이 막히면서, 중국의 AI 두

---

[3] 해외로 이전했던 생산 기지를 다시 자국으로 되돌리는 현상.

뇌는 성장을 멈출 위기에 처했다. 바로 이 절체절명의 순간에 화웨이가 해결사로 나섰다. 그리고 미국의 제재에 맞서 자체 AI 칩인 '어센드Ascend' 시리즈를 개발해 냈다.

화웨이의 어센드 910B 칩은 미국의 수출 통제용 모델인 엔비디아 H20와 비교했을 때, 일부 성능 지표에서는 뒤처지지만 다른 지표에서는 오히려 앞서는 복합적인 성능을 보여 준다. 예를 들어, 칩 간 연결 속도 면에서는 H20이 우세하지만, 일반적인 연산 처리 속도를 나타내는 FP32 성능에서는 910B가 더 뛰어나다는 평가가 있다. 종합적으로 볼 때, 어센드 910B는 세계 최고 수준은 아닐지라도, 미국의 기술 봉쇄 속에서 자력으로 만들어 낸 '충분히 좋은' 대안이라는 점에서 엄청난 전략적 의미를 갖는다. 중국의 기술 기업들은 이제 통제 불가능한 세계 최고의 A+급 기술을 좇는 대신, 완전히 통제 가능한 B+급 기술 생태계를 구축하는 방향으로 전략을 수정했다. 화웨이는 바로 그 B+ 생태계의 심장인 셈이다.

화웨이의 역할은 단순히 칩을 만드는 데 그치지 않는다. 엔비디아의 'CUDA Compute Unified Device Architecture'라는 막강한 소프트웨어 생태계에 대항하기 위해 'CANN Compute Architecture for Neural Networks'이라는 자체 컴퓨팅 아키텍처와 '마인드스포어MindSpore'라는 소프트웨어 프레임워크까지 함께 개발하며, 하드웨어부터 소프트웨어까지 아우르는 완전한 독립 생태계를 구축하고 있다. 물론 아직 성숙도나 개발자 편의성 면에서는 CUDA에 미치지 못하지만, 국가적 필요라는 강력한 동력 아래 빠르게 개선되고 있다.

이 B+ 전략이 직면한 현실적인 어려움도 분명 존재한다. 중국의 유망 AI 스타트업 딥시크가 차세대 모델 개발 과정에서 화웨이 어센드 칩의 불안정성 문제로 어려움을 겪다가 결국 엔비디아 칩으로 다시 전환한 사건이 그 상징적인 예다. 하지만 이 사건은 중국 정부가 미국의 강력한 제재에 굴하지 않고 자국 기업들에게 국산 칩을 사용하도록 압박하고 있다는 사실을 명확히 드러냈다. 딥시크와 같은 민간 기업들은 단기적인 성능을 우선시할 수 있지만, 국가 전체의 관점에서는 단기적인 성능 손실을 감수하더라도 장기적인 기술 자립을 이루는 것이 더 중요하기 때문이다.

이러한 국가적 의지는 화웨이라는 기업을 통해 관철되고 있다. 화웨이의 AI 칩 전략은 단순히 엔비디아의 대안을 만드는 것을 넘어, 글로벌 기술 지형의 근본적인 변화를 촉발하고 있다. 미국의 제재가 없었다면 중국의 모든 AI 기업은 가장 성능이 우수한 엔비디아의 CUDA 생태계 안에서 발전했을 것이다. 하지만 제재로 인해 중국은 어쩔 수 없이 독자적인 길을 모색했고, 그 결과 CUDA 기반의 세계와 비非CUDA 기반의 세계로 기술 스택이 양분되는 '기술적 분기 Bifurcation'가 일어나고 있다. 화웨이는 이 소용돌이의 한복판에 서서, 미국의 기술 패권에 의존하지 않는 평행 우주를 건설하고 있다. 화웨이는 단순한 통신장비 회사를 넘어, 미중 기술 전쟁의 최전선에서 중국의 기술적 운명을 짊어진 국가대표 중의 국가대표라 할 수 있다.

'규제'라는 제3의 길을 선택한 유럽

미국과 중국이 기술 혁신과 국가 주도 산업 정책이라는 창과 방패를 들고 격돌하는 동안, 많은 이가 유럽을 이 거대한 싸움의 수동적인 관객이나 잠재적인 피해자로 여겨 왔다. 하지만 이는 유럽의 전략을 과소평가하는 것이다. 유럽연합EU(이하 EU)은 미국이나 중국과는 전혀 다른 방식으로 이 기술 패권 경쟁에 참여하고 있다. 유럽의 무기는 실리콘밸리의 벤처캐피털도, 선전의 거대 공장도 아니다. 그것은 바로 '규제'다.

유럽은 '브뤼셀 효과Brussels Effect'라는 독특한 형태의 글로벌 영향력을 행사한다. 이는 EU가 제정한 법률과 표준이 전 세계적인 기준으로 자리 잡는 현상을 말한다. 구글, 애플, 아마존 같은 미국의 거대 테크 기업들이나 화웨이, 틱톡 같은 중국 기업들이 5억 인구의 부유한 EU 단일 시장에 접근하기 위해서는 결국 EU의 규칙을 따라야 하기 때문이다. 일반 데이터 보호 규정GDPR이 전 세계 데이터 정책의 표준이 된 것이 대표적인 사례다.

이러한 규제 권력을 바탕으로 EU는 중국에 대해 매우 다층적이고 미묘한 전략을 구사한다. EU는 2019년 공식 문서를 통해 중국을 '협력 파트너' '경제적 경쟁자'이자 '체제적 라이벌Systemic Rival'로 규정했다. 이는 중국을 오로지 주적主敵으로 간주하는 미국의 접근법과는 결이 다르다. 기후 변화와 같은 글로벌 이슈에서는 협력하되, 경제 및 기술 분야에서는 치열하게 경쟁하고, 가치와 거버넌스 측면에서는 중국이 지속적으로 제기하는 체제적 도전에 강력히 맞서겠다는 복합적인 시각이다.

이러한 전략은 구체적인 정책으로 나타나고 있다. EU는 중국산 전기차에 대해 대규모 보조금이 지급되고 있다며 반(反)보조금 조사를 개시했고, 이는 잠재적인 고율 관세 부과로 이어질 수 있다. 또한, 중국 시장에서 유럽 의료기기 기업들이 차별받는다는 이유로, 상호주의 원칙에 따라 EU의 공공 의료기기 조달 시장에서 중국 기업의 참여를 제한하는 조치를 취했다. 더 나아가, 배터리와 같은 핵심 청정 기술 분야에서는 EU의 보조금을 받으려는 중국 기업에게 유럽 내 공장 설립과 기술 이전을 요구하는 등, 과거 중국이 외국 기업에게 사용했던 전략

표 4-2. AI 패권을 장악하기 위한 국가별 전략 비교

구분	미국	중국	유럽 연합
핵심 전략	시장 주도 혁신 및 기술 우위 유지	국가 주도 산업 발전 및 기술 자립	규제를 통한 글로벌 표준 설정 및 시장 통제
주요 정책 도구	벤처캐피털, 민간 R&D, 수출 통제 및 제재	국가 산업 정책 (중국제조 2025), 국가대표 육성, 보조금	규제 및 표준 설정 (GDPR, AI Act), 반보조금 조사, 시장 접근 조건화
데이터에 대한 입장	기업의 자산이자 혁신의 원천으로 인식, 국가 안보 차원에서 통제	국가의 전략 자산으로 간주, 데이터 주권 및 현지화 강조	개인의 기본권으로 인식, 강력한 프라이버시 보호 및 국외 이전 통제
대표 기업	자생적 거대 테크 기업: MAGMA(메타, 애플, 구글, 마이크로소프트, 아마존), 엔비디아 등	국가대표 기업: DJI, 바이두, 화웨이 등	대표 기업은 상대적으로 부족, 해외 기업에 대해 규제 준수 요구

을 그대로 되돌려주고 있다.

이 모든 정책의 기저에는 '중국제조 2025'에 대한 뒤늦은 경각심과 '디리스킹De-risking[4]'이라는 개념이 자리 잡고 있다. 완전한 단절을 의미하는 '디커플링Decoupling' 대신, 희토류와 같은 핵심 원자재나 첨단 기술 분야에서 중국에 대한 과도한 의존도를 줄여 공급망의 취약성을 관리하겠다는 것이다.

결국 21세기 기술 패권 경쟁은 단순히 미국과 중국의 양자 대결이 아닌, 세 가지 서로 다른 모델이 경쟁하는 삼국지에 가깝다. 미국은 민간 혁신과 자유 시장을 동력으로 삼되, 국가 안보를 위해 수출 통제라는 강력한 채찍을 휘두른다. 중국은 국가가 직접 나서서 산업 정책을 설계하고 국가대표 기업을 육성하며 거대한 내수 시장을 무기로 삼는다. 그리고 유럽은 직접적인 기술 챔피언을 키우기보다는, 거대한 시장의 문지기로서 게임의 '규칙' 자체를 설계하고 통제하려 한다. 이 세 가지 모델의 상호작용과 충돌이 미래 기술 지형의 향방을 결정할 것이다.

지금까지 우리는 중국이라는 거대한 용이 피지컬 AI라는 새로운 시대를 맞아 어떻게 발톱을 갈고 닦고 있는지를 네 개의 '국가대표' 기업을 통해 살펴보았다. 이들의 이야기는 개별 기업의 성공 신화를 넘어, 하나의 거대하고 일관된 국가 전략이 어떻게 작동하는지를 보여 주는 생생한 증거다.

---

4 특정 국가에 대한 과도한 경제적 의존도를 낮춰 공급망 등의 위험을 관리하는 전략.

하늘의 DJI는 전 세계의 물리적 공간을 데이터로 변환하며 '체화된 데이터'의 패권을 장악하고, 땅 위의 바이두는 세계에서 가장 복잡한 '살아 있는 실험실'을 독점하여 자율주행에 필요한 두뇌를 완성해 간다. 공장의 유비테크는 '노동의 종말'을 고하며 제조업의 패러다임을 근본적으로 바꾸고 있으며, 이 모든 것의 배후에서 화웨이는 미국의 기술 봉쇄에 맞서 독자적인 AI 생태계라는 '기술적 만리장성'을 쌓아 올리고 있다. 이 네 개의 발톱은 각기 다른 영역을 할퀴고 있는 듯 보이지만, 사실은 하나의 몸, 즉 중국이라는 국가의 의지에 따라 유기적으로 움직이는 거대한 시스템의 일부다.

이들의 부상은 단순히 시장 점유율의 변화를 의미하지 않는다. 그것은 글로벌 공급망의 재편, 기술 표준을 둘러싼 경쟁 구도의 변화, 그리고 궁극적으로는 데이터 주권과 기술 자립을 중심으로 한 세계 질서의 분화를 가속화하고 있다. 바둑판 위에서 전략가가 몇 개의 핵심적인 수를 두어 기세를 잡듯, 중국은 이 국가대표 기업들을 통해 21세기 기술 지형도라는 거대한 판 자체를 새로 짜려 하고 있다. 거룡의 발톱은 이제 단순한 시장을 넘어, 미래 세계의 작동 방식을 향하고 있다.

CHAPTER 5
살아 있는 실험실, 계산된 도박

많은 사람이 미국과 중국이 벌이는 21세기 기술 패권 전쟁을 더 빠른 반도체, 더 똑똑한 인공지능 모델을 만들기 위한 단순한 속도 경쟁으로 이해한다. 하지만 이 전쟁의 깊은 이면에는 서로 다른 철학과 전략의 근본적인 충돌이 자리 잡고 있다. 이 충돌을 이해하는 가장 좋은 방법은 '엔진'과 '연료'라는 비유를 사용하는 것이다. 인공지능 시스템의 성능을 결정하는 두 가지 핵심 요소인 하드웨어(엔진)와 데이터(연료) 분야에서 중국은 과연 어떤 승부수를 던졌을까.

B+급 엔진의 한계와 가능성

미국은 자신이 압도적인 우위를 점하고 있는 반도체, 즉 세계에서 가장 강력한 '엔진'의 공급을 통제함으로써 중국의 숨통을 조이는 '질식 작전 Choke Point Strategy 5'을 펼치고 있다. 2022년 10월 7일, 미국 상무부 산하의 산업안보국Bureau of Industry and Security, BIS은 중국이 첨단 컴퓨팅 및 반도체 기술에 접근하는 것을 막기 위한 포괄적인 수출 통제 조치를 발표했다. 여기에는 엔비디아의 최첨단 AI 칩뿐만 아니라, 반도체 제조 장비Semiconductor Manufacturing Equipment, SME, 심지어 미국인이 중국의 반도체 개발에 관여하는 것까지 제한하는 광범위한 내용이 담겨 있었다. 그 목적은 명확했다. 중국이 AI와 슈퍼컴퓨팅 역량을 군사 현대화와 국민 감시 체제 강화에 사용하는 것을 막겠다는 것이다. 이 전략은 2024년 12월, AI 연산에 필수적인 고대역폭 메모리 High Bandwidth Memory, HBM까지 통제 대상에 포함하며 더욱 정교하게 조여졌다.

이와 같은 강력한 압박은 예상치 못한 결과를 낳았다. 미국의 제재는 중국 시장에 공백을 만들었고, 이 공백은 중국의 기술 자립을 위한 강력한 촉매제가 되었다. 미국 기업들은 규제를 피하는 저사양 칩(엔비디아 H20 등)을 팔며 수익을 유지하려 하지만, 동시에 화웨이와 같은 중국 기업에게는 자국산 칩(어센드 910B 등)을 위한 안정적인 내수 시장이 보장되는 역설이 발생했다. 중국 정부는 자국 기술 기업들에게 자국산 칩 사용을 적극적으로 독려하며 그 흐름을 가속화하고 있다. 결국 미국의 '질식 작전'은 단기적으로는 중국에 고통을 주지만, 장기적으로는 중국의 '엔진' 국산화를 강제하는 거대한 압력솥 역할을 하게 된 셈이다.

---

5   중국의 첨단 기술 발전, 특히 군사력과 직결되는 분야의 발전을 의도적으로 억제하고 속도를 늦추기 위한 고강도 수출 통제 전략.

이에 맞서는 중국의 대응은 지극히 비대칭적이다. 단기적으로 엔진 기술에서 미국을 따라잡기 어렵다는 현실을 냉정하게 인정하고 전쟁의 규칙 자체를 바꾸려 한다. 엔진의 성능이 조금 뒤떨어지더라도, 비교할 수 없을 만큼 우월한 품질과 양의 '연료'를 쏟아부으면 경쟁에서 이길 수 있다는 대담한 가설에 국가의 명운을 걸고 있다. 이는 상대의 강점(반도체 설계)을 힘으로 맞받아치는 대신, 경쟁의 무대를 자신들에게 가장 유리한 곳으로 옮겨오는 일종의 지정학적 주짓수다. 중국의 거대한 내수 시장, 중앙 통제적 국가 시스템, 그리고 14억 인구 전체를 실시간 연구개발을 위한 '살아 있는 실험실 Living Laboratory'로 활용하는

표 5-1. 'AI 엔진' 간 성능 비교

지표	화웨이 어센드 910B	엔비디아 H20(수출용)	엔비디아 H100(주력)
아키텍처	다빈치 Da Vinci	호퍼 Hopper	호퍼
메모리	64GB HBM2e	96GB HBM3	80GB HBM3
메모리 대역폭	-	4.0 TB/s	3.35 TB/s
연산 속도 1 (FP16 테라플롭스*)	320	148	1,979
연산 속도 2 (INT8 테라플롭스)	640	296	3,958
칩 간 연결 속도	HCCS 56 GB/s	NVLink 900 GB/s	NVLink 900 GB/s

- 테라플롭스(TFLOPS)란, GPU의 성능을 나타내는 대표적인 지표다. 1테라플롭스는 1초에 1조 번의 실수(소수점이 있는 수) 연산을 처리할 수 있는 속도를 의미한다.

전략이 바로 그것이다.

중국의 가설은 명확하다. 성능이 다소 낮은 자국산 B+급 엔진에 세계 최고 수준의 A++급 연료를 주입하면, 제한된 연료로 구동되는 미국의 A+급 엔진을 능가하는 최종 성능을 낼 수 있다는 것이다. 그렇다면 이 B+급 엔진의 현실은 어떨까?

현재 중국의 자존심으로 불리는 화웨이의 어센드 910B는 미국의 수출 통제용 칩인 엔비디아 H20과 경쟁하고 있지만, 세계 최고 수준인 H100과는 여전히 상당한 격차를 보인다. 아래 표는 각 칩의 성능을 객관적으로 비교한 것이다.

표 5-1에서 볼 수 있는 것처럼, 어센드 910B는 특정 정수 연산(INT8)에서는 H20보다 우수한 성능을 보이지만, 대규모 AI 모델 학습에 결정적인 칩 간 연결 속도 면에서 현저한 약점을 드러낸다. 화웨이의 HCCS 방식은 엔비디아의 NVLink에 비해 속도가 16분의 1에도 미치지 못하는데, 이는 결국 수천 개의 칩을 연결해 대규모 언어 모델 Large Language Model, LLM을 훈련할 때 심각한 병목 현상을 유발한다.

이러한 하드웨어의 한계는 현실에서 구체적인 문제로 드러났다. 중국의 유망 AI 스타트업 딥시크의 사례가 대표적이다. 딥시크는 정부의 독려와 화웨이 엔지니어들의 현장 지원까지 받으며 차세대 모델 R2를 어센드 칩으로 훈련하려 했다. 하지만 칩의 불안정성, 느린 칩 간 연결 속도, 미성숙한 소프트웨어 문제에 부딪혀 단 한 번의 훈련도 성공적으로 마치지 못했다. 결국 딥시크는 핵심적인 훈련 작업을 엔비디아의 H20 칩으로 되돌리고, 어센드 칩은 상대적으로 하드웨어 성능의 부담이 덜한 추론Inference 작업에만 활용하는 것으로 계획을 수정해야 했다.

딥시크의 경험은 B+급 엔진의 현실을 명확히 보여 준다. 하드웨어의 성능 격차뿐만 아니라, 그 이면에 존재하는 더 거대한 장벽, 바로 '소프트웨어 생태계'의 문제다. 엔비디아의 지배력은 단순히 빠른 칩에서 나오는 것이 아니다. 지난 10여 년간 AI 개발의 표준으로 자리 잡은 CUDA라는 강력한 소프트웨어 플랫폼이 그 핵심이다. 전 세계 개발자들은 파이토치PyTorch나 텐서플로TensorFlow 같은 프레임워크를 통해 CUDA 생태계에 깊숙이 통합되어 있다. 반면 화웨이의 마인드스포어와 같은 대안은 아직 생태계가 미성숙하여 개발자들이 더 많은 시간과 노력을 들여야 하고, 글로벌 오픈소스 커뮤니티의 자산을 활용하기도 어렵다. 즉, 중국이 언젠가 하드웨어 성능에서 미국을 따라잡는다 해도, 이 거대한 소프트웨어의 해자를 넘는 것은 또 다른 차원의 과제인 셈이다.

데이터 플라이휠: 중국식 가속도의 비밀

엔진의 한계가 명확함에도 중국이 자신감을 보이는 근거는 압도적인 양의 질 좋은 '연료', 즉 데이터에 있다. 중국의 '살아 있는 실험실'이 작동하는 핵심 원리는 '데이터 플라이휠'이라 불리는 강력한 선순환 구조에 있다. 일단 한 번 돌기 시작하면 관성에 의해 점점 더 빠른 속도로 가속도가 붙어 누구도 멈출 수 없게 되는 거대한 바퀴처럼, 중국은 국가적 차원에서 이 플라이휠을 돌리고 있다.

이 플라이휠은 네 단계의 순환 과정을 통해 기하급수적으로 가속된다. 첫 번째 단계는 '대규모 시스템 배포'다. 모든 것은 압도적인 규모로 시작된다. 바이두와 같은 국가대표 기업들은 정부의 전폭적인 지원 아래, 기술이 완벽하게 성숙되거나 당장의 수익성이 보장되지 않더라도 수천 대의 로보택시를 주요 도시에 배치한다. 2025년 초 기준으로 바이두의 '아폴로 고'는 이미 1,000대의 완전 무인 차량을 운영하고 있었다. 이는 서구 기업들이 수십 대의 테스트 차량으로 데이터를 수집하는 것과는 차원이 다른 접근이다.

두 번째 단계는 '방대한 실제 데이터 수집'이다. 일단 거리에 깔린 수천 대의 로봇과 자동차는 24시간 잠들지 않는 데이터 수집 기계가 된다. 2025년 8월 기준, 바이두의 '아폴로 고'는 누적 운행 1,400만 회를 돌파했으며, 2025년 2분기에만 220만 건의 완전 무인 주행을 완료했다. 알리바바의 배송 로봇 '샤오만뤼小蛮驴' 역시 2022년 중반에 이미 누적 1,000만 건 이상의 택배를 배송했다. 이들이 수집하는 것은 단순한 주행 기록이 아니라, 시간과 공간 정보가 명확히 기록된 물리적 현실에 대한 고도로 구조화된 기록, 즉 '체화된 데이터'다.

세 번째 단계는, 데이터를 활용한 신속한 AI 모델 개선이다. 수확된 방대한 데이터는 곧바로 AI 모델을 개선하는 데 투입된다. 수억 킬로미터 분량의 실제 주행 데이터는 AI에게 어떤 상황에서 어떤 판단을 내리는 것이 최적인지를 가르친다. 개선과 재학습의 주기는 몇 달이나 몇 년이 아니라, 몇 주 혹은 며칠 단위로 이루어진다.

그리고 마지막 단계는, 개선된 모델을 통한 '더욱 광범위한 배포'다. 더 똑똑하고 안전해진 AI 모델은 다시 더 많은 도시, 더 복잡한 환경으로 확장 배치된다. 바이두는 현재 16개 도시에서 서비스를 운영 중이며, 홍콩에서 우측 핸들 환경 테스트를 시작했고, 우버 및 리프트와 손잡고 유럽과 중동 시장 진출까지 준비하고 있다. 이는 다시 더 다양하고 질 좋은 데이터를 수집하는 기반이 되어, 플라이휠의 회전 속도를 한 단계 더 끌어올린다.

이 선순환 구조가 무서운 이유는 '데이터 독점'이라는 누구도 넘을 수 없는 경쟁의 해자를 만들어 내기 때문이다. 경쟁 우위는 단순히 축적된 데이터의 총량이 아니라, 데이터를 수집하고 학습하는 '속도'에서 나온다. 유럽의 한 기업이 베이징에서 10대의 테스트 차량을 굴릴 때, 바이두는 이미 1,400만 번째 운행을 마치고 16개 도시에서 수천 대의 차량을 운영하고 있다. 경쟁사의 AI가 하루에 수천 킬로미터의 데이터를 학습하는 동안, 바이두의 AI는 수백만 킬로미터의 데이터를 학습한다. 둘 사이의 성능 격차는 시간이 지날수록 기하급수적으로 벌어져, 뒤늦은 시장 진입을 사실상 불가능하게 만든다. 도전자가 출발선에 도착했을 때, 승자는 이미 경주를 마치고 다음 경주를 준비하고 있는 셈이다.

'롱 테일 엣지 케이스'를 학습한 방대한 데이터

많은 사람이 중국 도시 환경의 복잡하고 예측 불가능한 특성을 기술 발전에 장애가 되는 약점이라고 생각한다. 하지만 피지컬 AI 훈련의 관점에서 보면, 이야기가 달라진다. 이 '혼돈'이야말로 돈으로 살 수 없는 가장 귀중한 자산이라는 주장도 있기 때문이다. AI의 진정한 실력은 평범한 상황이 아니라, 평생 한 번 겪을까 말까 한 수백만 가지의 예외적이고 예측 불가능한 상황, 즉 '롱테일 엣지 케이스'에 어떻게 대처하는지로 판가름 나기 때문이다. 갑자기 역주행하는 전동 스쿠터, 무질서하게 뒤엉킨 보행자와 차량들, 공사 현장의 수신호 같은 상황들이 AI의 진짜 실력을 검증한다.

그렇다면 자동차, 전기 자전거, 보행자가 뒤엉켜 그야말로 '혼돈의 도가니'를 이루는 베이징의 퇴근길 교차로는 AI의 입장에서 최고의 스트레스 테스트장이자 학습 교재가 된다. 서구의 AI가 평생 한 번 마주치기 힘든 엣지 케이스를, 중국의 AI는 매일 수천, 수만 번씩 경험하며

표 5-2. AI 훈련 철학 비교

특징	통제된 시험장(웨이모)	살아 있는 실험실(테슬라/바이두)
데이터 소스	수십억 마일의 시뮬레이션 + 구조화된 실제 도로 테스트	수백만 대의 실제 주행 차량
배포 규모	제한적(수천 대의 로보택시)	대규모(수백만 대의 소비자 차량)
환경	특정 도시, 정밀 지도 기반	통제되지 않은 전 세계 도로
학습 모델	연역적 학습(가설을 시뮬레이션으로 검증 후 현실에 적용)	귀납적 학습(무질서한 현실에서 패턴 발견)
핵심 자산	데이터의 품질과 안전성 검증	데이터의 양과 다양성

강인하게 단련된다는 것이다.

하지만 이 '혼돈 예찬론'이 과연 진실의 전부일까? 최근의 AI 연구는 이 직관에 도전하는 흥미로운 결과를 제시한다. MIT 연구진은 예측 불가능하고 '노이즈'가 많은 환경에서 훈련된 AI보다, 오히려 깨끗하고 예측 가능한 '노이즈 없는' 시뮬레이션 환경에서 훈련된 AI가 실제 노이즈가 많은 환경에서 더 뛰어난 성능을 보일 수 있다는 사실을 발견했다. 이들은 이 현상을 '실내 훈련 효과Indoor Training Effect'라고 명명했다. 이는 AI가 혼란스러운 환경에서는 불규칙한 노이즈와 시스템의 근본적인 규칙을 분간하기 어려워하는 반면, 잡다한 정보가 정리된 이상적인 환경에서는 시스템의 핵심 원리를 더 효과적으로 학습할 수 있다는 것이다.

이러한 이론적 시각 차이는 자율주행 기술을 개발하는 두 선두 주자, 웨이모와 테슬라의 전략적 차이에서 현실적으로 구현된다.

웨이모는 '통제된 시험장' 철학의 전형이다. 수십억 마일에 달하는 가상 주행 시뮬레이션을 통해 거의 모든 종류의 엣지 케이스를 충분히 경험하고 학습한 후, 정밀하게 제작된 고해상도 지도를 기반으로 특정 도시에서 서비스를 운영한다. 이들의 접근법은 안전을 최우선으로 하며, 실제 데이터는 통제된 환경에서 신중하게 수집된다. 그 결과, 웨이모는 인간 운전자 대비 부상 유발 사고율이 현저히 낮다는 객관적인 안전 데이터를 꾸준히 발표하고 있다.

반면 테슬라의 방식은 중국의 '살아 있는 실험실'과 유사하다. 전 세계 수백만 대의 고객 차량에 탑재된 FSD Full Self-Driving 베타 버전을 통해 방대한 양의 실제 주행 데이터를 수집한다. 이는 혼돈 속에서 직접 패턴을 익히는 귀납적 학습 방식이다. 하지만 테슬라가 발표하는 안전 데이터는 여러 논란에 휩싸여 있다. 운전자가 개입하는 레벨 2 수준의 주행 데이터가 포함되어 있고, 사고 집계 기준이 웨이모나 정부 기관과 달라 직접적인 비교가 어렵다는 비판이 제기된다.

결국 '혼돈'의 가치는 아직 결론이 나지 않은 문제다. 순수한 시뮬레이션만으로는 현실 세계의 미묘한 차이, 즉 '현실과 시뮬레이션의 간극Sim-to-real Gap[6]'을 극복하기 어렵다. 그렇다고 통제되지 않은 현실 데이터에만 의존하는 것은 안전성과 효율성 측면에서 큰 위험을 감수해야 한다. 미래의 승자는 아마도 이 두 세계를 가장 효과적으로 결합하는 자가 될 것이다. 소량의 실제 데이터를 기반으로 매우 정교한 '디지털 트윈' 시뮬레이터를 구축하고, 그 안에서 AI를 대규모로 훈련시켜 강인함을 키우는 하이브리드 접근법이 그 해답이 될 수 있다.

21세기에 다시 솟아오른 만리장성

'살아 있는 실험실'이라는 거대한 전략을 완성하는 마지막 퍼즐 조각은 바로 법과 제도다. 중국의 사이버보안법CSL과 데이터보안법DSL으로 대표되는 엄격한 데이터 규제는 단순한 정보 보호 수단이 아니

---

[6] 시뮬레이션 환경에서 완벽하게 작동하도록 훈련된 알고리즘이 실제 현실에서는 제 성능을 발휘하지 못하는 현상.

다. 이는 자국의 가장 소중한 전략적 자산을 지키기 위해 세운 21세기 판 '데이터 만리장성'이다.

이 법규의 핵심은 '데이터 현지화 Data Localization' 원칙이다. 중국 내에서 생성된 모든 데이터는 반드시 중국 영토 내에 위치한 서버에 저장해야 하며, 국경을 넘어 다른 나라로 이전하는 것을 극도로 엄격하게 제한한다. 특히 자율주행차가 수집하는 고정밀 지도 데이터나 센서 데이터는 국가 안보와 직결되는 기밀 정보로 분류되기 때문에 사실상 해외 반출이 불가능하다.

이러한 조치가 만들어 내는 전략적 효과는 막대하다. 외국 기업들에게는 넘을 수 없는 장벽이 되고, 자국 기업에게는 완벽한 '기술적 보호막'이 되어 준다. 예컨대 테슬라가 중국에서 수백만 킬로미터의 주행 데이터를 수집하더라도, 그 귀중한 '연료'를 미국 본사의 연구개발 센터로 가져가 AI 모델을 개선하는 데 사용할 수 없다. 중국에서 사업을 하고 싶으면, 막대한 비용을 들여 중국 내에 별도의 데이터 센터와 연구 조직을 만들어야만 한다. 이는 결과적으로 해외 기업들이 방대한 데이터를 쌓지 못하게 하고, 막대한 비용을 치르게 만든다.

반면 바이두와 같은 중국의 국가대표 기업들은 이 거대한 국가적 '데이터 저유소'에 대한 독점적인 접근권을 누린다. 이는 20세기 산업 시대의 '전략적 관세'를 현대적으로 재해석한 것과 같다. 과거에는 각국이 자국의 자동차 산업을 육성하기 위해 수입차에 높은 관세를 매겨 국내 기업을 보호했다면, 21세기의 중국은 AI 산업의 가장 중요한 원자재인 데이터에 100%의 '수출 관세'를 부과하는 셈이다. "우리 영토에서 데이터를 수집할 수는 있지만, 그것을 당신들 나라로 가져갈 수는 없다." 이 단순한 규칙 하나가 외국 경쟁자들의 성장을 가로막는 동시에, 자국 챔피언들에게는 풍부한 데이터를 마음껏 먹고 덩치를 키울 수 있는 낙원을 만들어 준다.

이러한 데이터 주권 강화는 단순히 산업 보호 정책에 그치지 않는다. 미국 역시 국가안보를 이유로 미국인의 민감 데이터가 중국으로 넘어가는 것을 막는 행정명령EO 14117을 발표하는 등, 데이터 통제는 미중 패권 경쟁의 핵심 전선이 되었다. 중국은 자국의 데이터 규제를 '글로벌 데이터 안보 이니셔티브'라는 이름으로 포장하며, 미국의 접근법에 대항하는 국가 중심의 데이터 거버넌스 모델을 국제 사회에 제시하려 한다. 데이터 만리장성은 중국 산업의 방패이자, 디지털 세계의 질서를 재편하려는 지정학적 무기인 셈이다.

결론적으로, '살아 있는 실험실'은 중국이 던진 거대한 전략적 승부수다. 이는 당분간 계속될 하드웨어 분야의 열세를 압도적인 데이터 우위로 극복하려는 계산된 계획이다. 그들이 꿈꾸는 연금술의 공식은 다음과 같이 요약할 수 있다.

(B+급 하드웨어) x (A++급 데이터 및 최적화된 소프트웨어)
= A+급 현실 세계 성능

물론 이 거대한 도박이 성공할 것이라고 보장할 수는 없다. 딥시크가 화웨이 칩의 불안정성 때문에 차세대 모델 개발에 차질을 빚은 사건은 이 전략이 직면한 현실적인 벽을 명확히 보여 준다. B+급 엔진은 아직 A+급 엔진을 완전히 대체할 준비가 되지 않았을 수 있다.

그렇다면 이러한 연금술은 과학적으로 타당한가? 최근 AI 연구의 핵심 화두인 스케일링 법칙은 여기에 중요한 시사점을 던진다. 딥마인드가 발표한 '친칠라 스케일링 법칙Chinchilla Scaling Law'에 따르면, AI 모델을 가장 효율적으로 훈련시키기 위해서는 모델의 크기(파라미터 수, 즉 엔진의 성능)와 훈련 데이터의 양(토큰 수, 즉 연료의 양)이 비례하여 함께 증가해야 한다. 너무 작은 모델에 너무 많은 데이터를 쏟아붓거나, 너무 큰 모델을 너무 적은 데이터로 훈련시키는 것은 모두 비효율적이라는 것이다. 아울러 최적의 비율을 대략 '모델 파라미터 1개당 20개의 데이터 토큰'으로 제시했다.

이 관점에서 보면, 중국의 전략은 스케일링 법칙에 정면으로 위배되는 것처럼 보인다. 미국의 제재로 인해 모델의 크기를 키우는 데는 제약이 있는 반면, 데이터의 양은 국가적 역량을 총동원해 무한정 늘리려 하고 있기 때문이다. 이는 AI 물리학의 법칙에 맞서는 거대한 도박이다.

그럼에도 불구하고, 우리는 이러한 전략이 가진 장기적인 파괴력을 결코 과소평가해서는 안 된다. 스케일링 법칙 자체가 아직 완성된 이론이 아니며, 데이터의 '양'뿐만 아니라 현실 세계의 혼돈이 만들어 내는 데이터의 '질'과 '다양성'이 어떤 변수가 될지는 아무도 모른다. 중국은 자국의 하드웨어 기술이 스케일링 법칙이 경고하는 비효율의 임계점에 도달하기 전에 격차를 따라잡을 수 있다고 베팅하고 있는 것이다.

하나의 도발적인 질문을 던지며 이 장을 마무리하고자 한다.

만약 중국의 이 거대한 베팅이 결국 성공한다면 어떻게 될까? 그래서 미래의 자동차, 공장 로봇, 물류 드론 등 세계 경제의 동맥을 책임지는 가장 중요한 물리적 시스템들이 주로 중국의 데이터로 훈련되고 중국의 하드웨어에 최적화된 AI에 의해 제어되는 세상이 온다면, 21세기의 기술 표준, 경제적 종속 관계, 그리고 지정학적 힘의 균형은 어떻게 재편될 것인가?

살아 있는 실험실의 문은 이제 막 열렸을 뿐이다.

CHAPTER 6
거대 조립 라인이 만들어 낸 완벽한 시너지

피지컬 AI라는 경쟁의 판에서 글로벌 리더십을 확보하는 데 있어 중국이 가진 가장 강력한 무기는 앞서 말했듯이 DJI나 바이두 같은 국가대표 기업과 '살아 있는 실험실'이었다. 하지만 중국의 진짜 힘은 따로 있다. 바로 누구도 흉내 낼 수 없는 산업 메커니즘이다. 이 장에서는 국가라는 이름의 CEO가 지휘하는 중국의 거대 조립 라인에 대해 자세히 살펴보고자 한다.

바자회와 조립 라인

중국이 피지컬 AI라는 거대한 경쟁의 판에서 꺼내 든 가장 강력한 무기는 무엇일까. 어떤 이는 4장에서 살펴본 DJI나 바이두 같은 '국가대표' 기업을 꼽을 것이고, 다른 이는 5장에서 다룬 거대한 '살아 있는 실험실'을 떠올릴 것이다. 모두 맞는 말이지만, 현상의 핵심을 꿰뚫지는 못한다. 중국의 진짜 힘은 개별 기술이나 기업이 아니라, 이 모든 것을 하나로 묶어 내는 국가 주도의 독특한 혁신 생태계 그 자체에 있다.

이 생태계의 본질을 이해하기 위해 두 개의 시장을 상상해 보자. 첫 번째는 온갖 상인과 손님, 물건이 뒤섞여 예측 불가능한 활기가 넘치는 거대한 '바자회'다. 이곳이 바로 실리콘밸리다. 수천, 수만 개의 독립적인 행위자들이 허가 없이 자유롭게 혁신하고 치열하게 경쟁한다. 이 혼돈 속에서 때로는 위대한 아이디어가 탄생하지만, 필연적으로 비효율이 발생하고 국가적 차원의 일관된 방향성을 갖기는 어렵다.

두 번째는 정교하게 설계된 거대한 '조립 라인'이다. 이곳이 바로 중국이다. 모든 부품과 공정은 '국가'라는 최고경영자가 설정한 단 하나의 목표, 즉 피지컬 AI 시대의 글로벌 리더십 확보를 위해 최적화되어 있다. 하향식으로 임무가 주어지고, 내부 마찰은 최소화되며, 모든 자원은 속도와 규모, 효율성을 극대화하는 방향으로 정렬된다. 이 모델은 3장에서 다룬 '몸체 구축 → 두뇌 설계 → 융합'이라는 거대한 3막 전략을 지리적으로, 그리고 운영적으로 구현하는 메커니즘이다.

이제부터 바로 이 '혁신 조립 라인'의 실체를 파헤치고자 한다. 이 거대한 라인 위에서 베이징, 상하이, 선전이라는 세 개의 도시는 서로 경쟁하는 관계가 아니라, 마치 하나의 국가적 기업에 소속된 고도로 전문화된 사업부처럼 움직인다. 베이징의 연구소에서 작성된 '설계도'는 상하이에 있는 공장에서 '몸체'를 입고, 선전에서 조달된 '부품'을 장착한다. 소프트웨어와 하드웨어의 융합이 핵심인 피지컬 AI 시대에, 이 세 도시의 완벽한 시너지는 중국에게 누구도 흉내 내기 힘든 구조적 우위를 제공한다. 국가라는 이름의 CEO가 지휘하는 이 거대한 조립 라인은 과연 어떻게 작동할까?

베이징: 피지컬 AI의 두뇌

모든 조립 라인의 작동 원리와 규칙은 설계실에서 탄생한다. 중국의 피지컬 AI 전략에서 설계실의 역할을 하는 곳이 바로 베이징이다. 베이징은 이 거대한 국가 프로젝트의 전략적·지적 중심축이며, 국가의 '소프트웨어'와 '청사진'이 탄생하는 곳이다.

우선 베이징은 정치 권력과 엘리트 교육의 절대적인 중심지다. 칭화대학교, 베이징대학교와 같은 중국 최고의 대학들과 베이징 인공지능 연구원Beijing Academy of Artificial Intelligence, BAAI 같은 핵심 국책 연구기관이 밀집해 있다. 이곳에 모인 최고 수준의 인재들이 바로 중국 AI 야망의 '소스 코드'를 작성하는 개발자들이다. 2장에서 살펴본 '차세대 인공지능 발전 계획'처럼 국가의 방향을 결정하는 거대 전략이 구상되고 발표되는 곳도 바로 베이징이다. 이 계획은 단순히 학문적 목표를 제시하는 데 그치지 않는다. 마치 국가 전체에 던져 주는 거대한 '위시 리스트Wish List'처럼 작동하며, 조립 라인의 나머지 부분, 즉 상하이와 선전이 풀어야 할 과제를 명확히 정의해 준다. 칭화대학교에서 분사한 지푸AIZhipu AI7의 성공은 베이징의 학술적 역량이 어떻게 국가적 AI 챔피언으로 직접 이어지는지를 보여 주는 대표적인 사례다.

이러한 지적, 전략적 역할은 막대한 자금으로 뒷받침된다. 베이징은 AI 산업 육성을 위해 목표 규모 100억 위안(약 1조 9천억 원)의 거대한 산업 펀드를 조성했다. 여기서 주목할 점은 자본의 성격이다. 이 펀

---

7 '중국의 오픈AI'로 불리는 중국 최대의 AI 스타트업으로, 주로 거대 언어 모델을 기반으로 한 다양한 서비스를 제공함.

드는 단기적인 상업적 성공 가능성이 높은 응용 기술보다는, 자국산 AI 칩이나 대규모 모델 알고리즘과 같은 기초 연구 분야에 전략적으로 투입된다. 이는 국가적 의제가 명확히 반영된 '인내 자본'의 전형적인 모습이다. 민간 벤처캐피털이 기피하는 고위험·장기 기초 연구의 자금 조달 문제를 국가가 직접 해결하는 것이다.

베이징의 진짜 역할은 단순히 연구개발을 수행하는 것을 넘어선다. 그것은 국가 생태계 전체를 위한 '전략적 위험 제거'에 가깝다. 서구의 혁신 모델에서는 민간 벤처캐피털이 초기 단계의 높은 기술적, 시장적 위험을 감수한다. 이는 본질적으로 도박에 가까우며, 수많은 실패를 전제로 한다.

중국 모델은 이러한 공식을 의도적으로 뒤집는다. 그 과정을 따라가 보면 중국 모델의 무서움을 알 수 있다. 첫째, 국가가 베이징의 연구기관들을 통해 "우리는 구신지능(피지컬 AI) 분야에서 세계 최고가 되어야 한다."와 같은 명확한 기술 로드맵을 제시한다. 둘째, 이 명확한 신호는 상하이와 선전의 기업들에게 어디에 자원을 투자해야 할지를 정확히 알려 주어 시장의 불확실성을 제거한다. 그들은 '다음 먹거리'가 무엇일지 추측할 필요가 없다. 국가가 이미 정답을 알려 주었기 때문이다. 셋째, 베이징의 국영 펀드는 민간 자본이 꺼리는 가장 근본적인 기술 개발 실패 위험을 국가의 '인내 자본'으로 흡수한다.

결과적으로, 하나의 기술이 상하이에서 산업화되거나 선전에서 하드웨어로 양산될 준비가 되었을 때쯤이면, 가장 근본적인 시장 위험과 기술 위험은 이미 베이징에서 국가가 떠안은 뒤다. 이는 조립 라인의 나머지 공정을 믿을 수 없을 만큼 효율적으로 만든다. 민간 자본과 기업들은 이미 검증된 길 위에서 속도와 규모의 경쟁에만 집중하면 된다. 이것이 바로 베이징이 수행하는 전략적 위험 제거의 핵심이다.

상하이: 피지컬 AI의 몸체

베이징에서 디지털 설계도가 완성되면, 조립 라인은 다음 단계로 넘어간다. 바로 그 설계도를 '만질 수 있는 물리적 현실'로 구현하는 공정이다. 이 역할을 맡은 곳이 바로 중국 제조업의 메카, 상하이다. 상하이는 베이징의 '두뇌'에 강철로 된 '근육'을 붙이는 곳이다.

상하이는 19세기 말부터 중국 근대 공업의 발상지였으며, 오늘날까지도 중국 첨단 제조업의 중심지라는 명성을 굳건히 지키고 있다. 이러한 역사적, 산업적 기반 위에서 상하이의 로봇 산업 규모는 중국 전체의 3분의 1 이상을 차지할 정도로 성장했다. AI의 물리적 몸체를 만드는 데 이보다 더 적합한 장소는 없는 셈이다.

상하이 정부는 이를 바탕으로 'AI + 제조업'이라는 공격적인 실행 계획을 추진하고 있다. 그 목표는 추상적이지 않다. 2027년까지 3,000개의 제조업체를 지능형으로 업그레이드하고, 10개의 'AI + 제조업' 시범 공장을 설립하며, 100개의 대표 스마트 제품을 출시하겠다는 등의 구체적인 수치를 가지고 이야기한다. 이는 이론이 아니라 공장 바닥에서 현재 진행 중인 혁명이다.

이러한 정책은 산업 현장에 맞춤화한 재정 인센티브를 통해 가속화된다. 상하이 정부는 핵심 공공 플랫폼 구축에 드는 비용의 최대 50%를 지원하고, 시범 적용 프로젝트에 보조금을 지급한다. 이는 베이징의 기초 R&D 펀딩과는 성격이 다르다. 즉, 공장들이 새로운 로봇 시스템을 도입하고 통합하는 데 따르는 재정적 장벽을 낮추어, 5장에서 언급한 '살아 있는 실험실' 개념을 산업 현장으로 확장하는 것을 목적으로 한 '확산 자본Diffusion Capital'이다. 상하이의 산업적 역량은 세계적으로도 인정받아, 스위스의 ABB와 같은 글로벌 로봇 기업들이 거대한 최첨단 로봇 공장을 이곳에 건설했다. 이는 중국 국내 기업들에게는 기술 수준을 끌어올려야 하는 경쟁 압력을 가하는 동시에, 기술 이전과 공급망 고도화를 촉진하는 긍정적인 효과를 낳는다.

상하이의 역할은 단순히 로봇을 생산하는 것을 넘어선다. 이곳은 디지털 알고리즘과 지저분한 물리적 제조 세계 사이에 놓여 있는 '통합과 규모 확장의 문제'를 해결하는 결정적 다리 역할을 한다. 베이징에서 온 AI 모델은 그저 코드 뭉치에 불과하고, 선전에서 온 하드웨어는 그저 부품 더미일 뿐이다. 이것들은 공장 라인에서 안정적으로 작업을 수행할 수 있는 시스템으로 통합하기 전까지는 아무런 가치가 없다. 상하이의 깊이 있는 제조업 노하우, 방대한 산업 엔지니어 인력, 그리고 기존의 공장 인프라는 바로 이 통합 작업을 위한 완벽한 환경을 제공한다.

'AI + 제조업'이나 '시범 공장' 같은 정책들은 새로운 AI를 발명하는 것이 아니라, AI가 실제 산업 현장에서 대규모로 검증되고 개선되며,

그 가치를 증명할 수 있는 현실 세계의 시나리오를 만드는 데 초점이 맞춰져 있다. 이는 중국의 AI 전략이 단순히 기술적 우위를 넘어 '확산의 우위'를 노리고 있음을 보여 준다. 혁신의 진정한 힘은 기술의 발명이 아니라, 그 기술을 사회 전체에 얼마나 빠르고 넓게 확산시키느냐에 달려 있다는 것을 중국은 너무나도 잘 알고 있다.

즉, 상하이는 국가의 '시스템 통합 사업부'다. 피지컬 AI의 두뇌와 몸체를 받아서 실제로 기능하는 유기체로 완성하고, 그 과정에서 1장에서 강조했던 귀중한 체화된 데이터를 생성한다. 그리고 이 데이터는 다시 베이징의 연구소로 흘러 들어가 차세대 알고리즘을 개선하는 데 쓰인다. 조립 라인 내부에 강력한 피드백 순환 구조가 만들어지는 것이다.

선전: 피지컬 AI의 신경망

로봇의 '두뇌'가 베이징에서 설계되고 '몸체'가 상하이에서 조립된다면, 그 몸을 구성하는 수많은 센서, 칩, 모터, 케이스 같은 물리적 부품들은 어디서 올까? 바로 조립 라인의 마지막이자 가장 역동적인 단계를 담당하는 '하드웨어 생산의 메카', 선전深圳이다.

불과 40년 전까지만 해도 작은 어촌이었던 선전은 덩샤오핑의 개혁개방 정책 아래 최초의 경제특구로 지정된 뒤, 세계 전자 산업의 공장으로 거듭났다. 오늘날 선전은 '하드웨어 분야의 실리콘밸리'라는 별명에 걸맞게, 아이디어를 실제 제품으로 만들어 내는 속도와 규모 면에서 세계적으로 독보적인 생태계를 자랑한다. 이곳은 화웨이(기반 기술), DJI(드론), 유비테크(휴머노이드)와 같은 하드웨어 거인들의 본거지다. 선전의 진정한 힘은 화창베이華强北 전자상가로 대표되는 촘촘하고 초고효율적인 공급망 생태계에 있다. 어떤 전자 부품이든 몇 시간 안에 구해 시제품을 만들 수 있는 능력은 다른 어떤 도시도 따라올 수 없는 압도적 경쟁력이다.

선전 역시 AI 산업 육성을 위해 100억 위안(원화 약 1.9조 원) 규모의 펀드를 운영하고 있다. 하지만 그 재정 지원 방식은 베이징이나 상하이와는 미묘하게 다르며, 선전의 전략적 역할을 명확히 보여 준다. 선전은 기업들의 '컴퓨팅 파워' 관련 비용을 최대 60%까지 보조해 준다. 또한 선전의 개발 계획은 스마트폰, 웨어러블 기기, 로봇과 같이 최종 사용자가 직접 상호작용하는 'AI 기반 하드웨어'에 명시적으로 초점을 맞추고 있다. 이는 제품화와 대량 생산을 통한 시장 확장에 집중하고 있음을 보여 준다.

선전의 막대한 컴퓨팅 파워 보조금은 미국의 반도체 제재에 대한 직접적이고 비대칭적인 대응책이다. 이와 같은 전략의 배경에는 냉철한 계산이 깔려 있다. 미국은 5장에서 언급한 '엔진'에 해당하는 엔비디아의 최첨단 AI 칩 공급을 통제하고 있다. 중국이 당장 이 분야에서 미국을 따라잡기는 어렵다. 게다가 화웨이의 어센드 칩처럼 성능이 다소 떨어지는 자국산 하드웨어로 비슷한 결과를 내려면, 훨씬 더 많은 컴퓨팅 자원과 실험이 필요하다. 바로 이때 필요한 막대한 비용을 선전시 정부가 사실상 대신 지불하고 있는 것이다. 기업들에게 전하는 정부의 메시지는 명확하다.

"하드웨어의 한계를 극복하기 위해 계산 자원을 무자비하게 쏟아붓는 데 따른 비용은 걱정하지 마라. 전기료와 서버 비용은 우리가 얼마든지 지원하겠다. 당신들의 임무는 그 제약 조건하에서 소프트웨어를 최적화하고 시스템 효율성을 극대화하는 혁신을 이뤄 내는 것이다."

이는 중국이 현재 열세에 놓여 있는 순수한 하드웨어 경쟁을, 자신들이 가진 거대한 인재 풀과 소프트웨어 효율성 경쟁으로 전환하려는 고도의 전략이다. 재정적 힘을 이용해 기술적 격차를 메우려는 계산된 도박이며, 5장에서 언급한 'B+급 하드웨어와 A++급 데이터' 전략을 현실에서 가능하게 만드는 결정적인 한 수다. 다시 말해, 미국의 제재라는 위기를 오히려 자국 반도체 생태계를 육성하고 소프트웨어 역량을 강화하는 기회로 바꾸는 연금술인 셈이다.

확실한 증거

이러한 세 도시의 유기적인 협력 모델이 단순한 구호가 아님을 보여주는 가장 확실한 증거는 바로 중국의 '자율주행' 산업이다. 이 분야의 산업 발전 과정을 살펴보면 베이징, 상하이, 선전이 어떻게 하나의 목표를 향해 완벽하게 맞물려 돌아가는지 명확히 확인할 수 있다.

모든 것의 시작은 베이징의 인재 풀이다. 중국 자율주행 기술을 선도하는 포니닷에이아이의 창업자들은 칭화대학교를 졸업하고 바이두의 자율주행 부문에서 핵심적인 역할을 수행했던 인물들이다. 그 외에도 수많은 자율주행 스타트업이 베이징의 최고 대학과 바이두 같은 기술 대기업에서 파생되었다. 이 기업들은 창업 후에도 베이징에 핵심 연구개발 센터를 열어 최고급 AI 인재를 지속적으로 수혈하고, 국가 정책의 방향을 가장 가까이에서 파악한다.

다음으로, 이들의 아이디어가 담긴 알고리즘은 물리적인 차량에 탑재되어야 활용 가능하다. 자율주행차의 눈과 귀가 되는 라이다 센서, 차량을 제어하는 컨트롤 유닛, 그리고 그 외의 수많은 전자 부품은 어디서 올까? 바로 선전의 '병기고'다. DJI 같은 선전의 대표 기업들은 이미 센서 분야의 글로벌 리더이며, 딥루트닷에이아이DeepRoute.ai와 같은 자율주행 기술 개발 기업들은 아예 선전에 본사를 두고 세계 최고의 하드웨어 공급망 생태계를 십분 활용한다. 샤오미와 같은 거대 기업들도 선전의 공급망을 기반으로 로보틱스와 스마트 카 시장에 진출하며 생태계를 더욱 강화하고 있다.

마지막으로, 알고리즘과 하드웨어가 결합된 자율주행차는 실제 도로에서 달려야만 진정한 가치를 증명할 수 있다. 바로 이 지점에서 상하이와 베이징이라는 거대한 '살아 있는 실험실'이 등장한다. 이들 도시는 세계에서 가장 복잡한 교통 환경을 가진 대도시임에도 불구하고, 정부 주도하에 광범위한 지역을 자율주행 테스트 구역으로 지정했다. 포니닷에이아이, 위라이드WeRide 같은 기업들은 이들 도시에서 대규모 로보택시 시범 서비스를 운영하며 수백만 킬로미터에 달하는 실제 주행 데이터를 축적하고 있다. 이는 베이징에서 개발한 '두뇌'를 상하이의 '근육(실제 도로 환경)'을 활용해서 단련하는 과정이다. 여기서 얻어진 방대한 데이터는 다시 베이징의 연구개발 센터로 전송되어 알고리즘을 개선하는 데 사용된다.

이처럼 자율주행 산업은 베이징의 인재와 R&D 역량, 선전의 신속하고 효율적인 하드웨어 공급망, 그리고 상하이와 베이징의 대규모 실증 환경이 완벽하게 통합된 결과물이다. 이는 우연의 산물이 아니라, 국가가 직접 지휘하는 '혁신 조립 라인'이 실제로 작동하고 있음을 보여 주는 가장 강력한 사례다.

거대한 기계의 빛과 그림자

지금까지 살펴본 것처럼 베이징, 상하이, 선전은 중국의 피지컬 AI 전략이라는 거대한 조립 라인 위에서 각자가 가장 잘하는 역할을 수행하며 유기적으로 상호 작용한다. 이와 같은 시스템의 진정한 힘은 '국가라는 CEO'의 존재에서 나온다. CEO는 비전을 설정하고, 전략적으로 자본을 배분하며, 전문화된 사업부들이 서로 협력하도록 조율한다. 이 모델의 강점은 국가적 자원을 단 하나의 목표를 위해 신속하고도 흔들림 없이 동원하는 능력에 있다.

표 6-1은 이번 장에서 다룬 내용을 요약하는 동시에, 중국의 혁신 조립 라인이 각각 어떤 목적과 의도하에 설계되었는지를 명확히 보여 준다.

이 표는 단순한 요약이 아닌, 이 장의 핵심 주장을 뒷받침하는 증거 그 자체다. 특히 가장 중요한 '재정 지원 방식'은 국가가 각 도시의 전

표 6-1. 혁신 조립 라인: 세 도시 이야기

구분	베이징	상하이	선전
전략적 역할	두뇌(R&D)	두뇌와 몸체 간 연결	몸체(하드웨어 생산)
핵심 기능	기초 연구, 국가 전략, 알고리즘 개발, 전략적 위험 제거	시스템 통합, 산업화, 대규모 실증, 데이터 생성	하드웨어 공급망, 신속한 프로토타이핑, 대량 생산, 시장 출시
핵심 기관/기업	칭화대, 베이징대, BAAI, 바이두, 지푸AI	푸둥 AI 클러스터, ABB, 다수 로봇 기업	화웨이, DJI, 유비테크, BYD, 화창베이
재정 지원 방식	인내 자본: 100억 위안 규모 펀드, 기초 연구 및 AI 칩 등 장기/고위험 분야 집중 지원	채택 자본: 프로젝트 투자 최대 50% 지원, 시범 공장 보조금 등 산업 현장 도입 장벽 완화	운영 자본: 컴퓨팅 파워 비용 최대 60% 보조, 美 제재에 대한 비대칭적 대응

문화된 역할을 강화하기 위해 어떻게 자본의 흐름을 의도적으로 다르게 조율하고 있는지를 보여 주는 정량적 증거다. 베이징의 포괄적인 R&D 펀드, 상하이의 프로젝트 보조금, 그리고 선전의 컴퓨팅 파워 집중 지원이라는 뚜렷한 차이는 이 모든 것이 우연이 아닌 치밀한 설계의 결과임을 증명한다.

하지만 이 거대한 조립 라인에도 그림자는 존재한다. 첫째, 전략적 오판의 위험이다. 모델의 가장 큰 강점인 하향식 지휘 체계는 동시에 가장 큰 약점이 될 수 있다. 만약 CEO, 즉 국가가 잘못된 기술 로드맵에 '올인'한다면, 시스템 전체가 경직되어 도중에 방향을 바꾸기 어렵다. 따라서 다양한 시도가 공존하는 실리콘밸리의 '바자회' 모델에 비해 변화에 취약할 수밖에 없다.

둘째, 비효율과 자원 낭비의 문제다. 국가 주도 투자는 종종 기술적 잠재력보다 정치적 고려에 의해 결정될 수 있다. 이는 경쟁력 없는 '국가 챔피언'을 억지로 키우거나, 특정 분야에 과도한 자금이 몰리는 'AI 버블'을 초래할 수 있다. 최근 중국 내 벤처캐피털 시장이 위축되면서 국가 주도 펀드에 대한 의존도가 높아지는 현상은 이러한 위험을 더욱 부각시킨다.

셋째, 혁신의 질식 가능성이다. 중국 공산당의 예측 불가능하고 강력한 통제는 민간 기업의 창의성과 자율성을 억누를 수 있다. 지난 몇 년간 있었던 빅테크 기업에 대한 대대적인 규제는 국가가 언제든 시장의 역동성을 해칠 수 있다는 사실을 보여 주었다. 진정한 파괴적 혁신은 통제된 조립 라인이 아닌, 자유로운 바자회의 혼돈 속에서 탄생하는 경우가 많다.

마지막으로, 지정학적 고립과 윤리적 문제다. 국가와 기술이 긴밀하게 결합된 이 모델은 서방 세계의 경계심을 자극하며, 미국의 반도체 제재와 같은 외부 압력에 직접적으로 노출된다. 또한, AI 기술이 대규모 감시나 인권 탄압에 사용될 수 있다는 우려는 국제 사회의 불신을 키우고, 중국 기술의 글로벌 확산에 걸림돌이 될 수 있다.

그럼에도 중국의 혁신 조립 라인은 지금 이 순간에도 피지컬 AI라는 미래를 향해 최고 속도로 가동되고 있다. 서방이 AI의 잠재력과 위험을 놓고 논쟁하는 사이, 중국은 AI를 사회 전체에 이식하고 운영하는 데 필요한 인프라를 광범위하게 구축하고 있다. 이와 같은 거대한 '기계 장치'가 지속 가능한 미래를 만들어 낼지, 아니면 크나큰 자기 모순에 봉착하여 와르르 무너져 버릴지는 21세기의 가장 흥미로운 관전 포인트 중 하나가 될 것이다.

CHAPTER 7
'국가'라는 이름의 벤처캐피털리스트

실리콘밸리의 VC는 '시장 위험', 즉 아무도 제품을 사 주지 않을 위험을 가장 두려워한다. 그런데 여기 전혀 다른 유형의 투자자가 있다. 투자 회수 기간은 7년이나 10년이 아닌, 15년 혹은 그 이상이며, 가장 중요한 투자 성과 지표는 국가 안보와 기술 주권이다. 이 투자자는 바로 '중국'이다. 이번 장에서는 중국 피지컬 AI의 심장으로 혈액을 펌프질하는 독특한 금융 엔진에 대해 심층 분석해 보려 한다.

서퍼와 엔지니어, 기술 혁신을 향한 두 개의 길

미국 캘리포니아의 샌드힐 로드Sand Hill Road. 이곳에 즐비한 나지막한 건물들의 회의실에서는 오늘도 세계의 미래를 바꾸려는 열띤 토론이 벌어진다. 세상을 뒤흔들 아이디어를 가진 창업가와, 그 아이디어에 수백만 달러를 베팅하려는 벤처캐피털리스트Venture Capitalist(이

하 VC)가 마주 앉는다. VC의 머릿속은 온통 '블리츠스케일링Blitzscaling' '유니콘', 그리고 '10배의 투자 수익'이라는 단어로 가득 차 있다.

블리츠스케일링은 압도적인 속도를 앞세워 시장을 선점하고 경쟁자를 질식시키는, 현대 기술 자본주의의 핵심 전략이다. 투자한 열 개 회사 중 아홉이 실패하더라도, 단 하나의 성공이 모든 손실을 만회하고도 남을 폭발적인 수익을 안겨 줄 것이라는 믿음. 이것이 바로 서구식 '시장 주도 기술 혁신'의 단면이다. VC들은 시장이라는 거대한 바다에서 큰 파도가 올 것을 내다보고, 때가 오면 그 위에 올라타는 능숙한 '서퍼Surfer'와 같다. 그들은 파도를 인위적으로 일으키지 않는다. 그저 남보다 먼저 빠르게 올라타서 때로는 아슬아슬하게, 때로는 멋지게 춤을 출 뿐이다.

그런데 여기, 전혀 다른 유형의 투자자가 있다. 그의 사무실은 샌드힐 로드가 아닌, 베이징의 중난하이中南海에 있다. 그의 가장 중요한 투자 성과 지표는 내부수익률Internal Rate of Return, IRR이 아니라 국가 안보와 기술 주권이다. 그의 투자 회수 기간은 7년이나 10년이 아니라, 15년 혹은 그 이상을 내다본다. 이 투자자는 바로 '중국'이라는 국가 그 자체다.

이것은 단순히 정부가 돈을 푸는 차원의 이야기가 아니다. 자본의 본질, 위험의 정의, 시간의 개념, 그리고 '시장'이라는 단어의 의미 자체를 근본적으로 다르게 해석하는, 완전히 새로운 투자 철학에 관한 이야기다. 나는 이것을 '국가 주도 인내 자본State-directed Patient Capital'이라 부르고자 한다. 이 모델은 실리콘밸리 모델에 대한 대안을 제시하며, 강력하지만 동시에 치명적인 약점을 내포하고 있다. 실리콘밸리의 VC가 시장의 파도를 타는 '서퍼'라면, 베이징의 투자자는 조류의 방향 자체를 바꾸기 위해 거대한 댐과 운하를 건설하는 '엔지니어'에 가깝다.

이 두 모델의 근본적인 차이는 위험에 대한 철학에서 가장 명확하게 드러난다. 실리콘밸리의 VC는 '시장 위험', 즉 아무도 제품을 사 주지 않을 위험을 가장 두려워한다. 따라서 장기적이고 불확실한 기초 연구개발을 기피한다. 반면 베이징 모델은 국가 권력을 동원해 이 시장 위험을 원천적으로 제거해 버린다. 국가라는 가장 확실한 구매자가 존재하기 때문이다. 시장 위험이 사라진 자리에서, 기업들은 민간 자본이 감히 상상할 수 없는 거대하고 장기적인 '기술 혁신'에 도전할 수 있게 된다. 이는 혁신의 가장 큰 장애물이 무엇이냐는 질문에 대한 두

표 7-1. 두 가지 기술 혁신 모델: 실리콘밸리 vs. 베이징

구분	실리콘밸리 모델(시장 주도)	베이징 모델(국가 주도)
핵심 행위자	민간 벤처캐피털	국가
핵심 전략	블리츠스케일링: 효율보다 속도 우선	인내 자본: 단기 수익보다 장기 목표 우선
주요 목표	재무적 수익 극대화	지정학적·전략적 목표 달성
성과 지표	내부수익률, 기업 가치	기술 자립도, 공급망 통제력
투자 기간	단기·중기(7~10년 펀드 주기)	장기·초장기(15년 이상)
위험 관리	포트폴리오 다각화	국가 권력을 통한 시장 위험 제거
시장과의 관계	시장의 파도를 타는 서퍼	시장의 흐름을 바꾸는 엔지니어

체제의 근본적으로 다른 답변이다.

　이번 장 전체를 관통하는 두 모델의 핵심적인 개념 차이는 표 7-1을 통해 명확히 드러난다. 이 표는 앞으로 펼쳐질 논의의 안내도와 같다.

금융 군단으로 지정학적 포위망을 뚫다

　중국식 '인내 자본' 전략을 견인하는 가장 강력한 수단은 '국가집적회로산업투자기금', 일명 '빅펀드Big Fund'다. 이 펀드는 1차(2014-2018년)에 1,390억 위안(약 26조 4,100억 원), 2차(2019-2023년)에 2,000억 위안(약 38조 원)을 조성하며 중국 반도체 산업의 성장을 뒷받침해 왔다. 그리고 이러한 전략의 현재이자 미래를 상징하는 것은 단연 2024년 5월에 출범한 3차 펀드다. 그 규모는 3,440억 위안(약 65조 3,600억 원)에 달한다. 이는 웬만한 선진국의 연간 벤처 투자액을 훌쩍 뛰어넘을 정도로 경이로운 수준이다. 이는 중국이 이 기술 전쟁에 얼마나 진심인지를 명백히 보여 준다.

　3차 펀드의 출범 시점과 구조는 그 본질이 단순한 산업 육성 자금을 넘어선 '지정학적 금융 작전'임을 여실히 드러낸다. 펀드는 미국의 중국에 대한 반도체 수출 통제가 최고조에 달하던 시점에 맞춰 조성되었다. 미국의 '질식 작전'에 맞서 국내 혁신 산업의 숨통을 틔워 주기 위한 직접적인 대응책이었다. 주주 명단을 보면 그 의도가 더욱 명확해진다. 재정부가 17.44%의 지분을 가진 최대 주주이며, 국유 정책은행과 6대 국유 상업은행(공상은행, 건설은행 등)이 주요 주주로 참여했다.

다시 말해, 민간 투자자들이 구성한 컨소시엄이 아니라, 국가가 직접 나서서 조직한 '금융 군단'인 셈이다.

여기서 베이징 모델의 가장 독특한 측면이 드러난다. 6대 국유 상업 은행이 총 1,140억 위안(약 21.7조 원)이라는 막대한 자금을 투입한 것이다. 통상적으로 상업은행은 불확실성이 높은 기술 벤처에 대한 지분 투자를 극도로 꺼린다. 하지만 이들은 공시를 통해 이번 투자가 순수한 상업적 판단이 아니라 "국가의 중대 결정에 부응하기 위한 것"일 뿐 아니라, "은행의 발전 전략과도 일치하는 것"이라고 밝혔다. 즉, 국가의 전략적 목표를 위해 금융 시스템 전체가 동원되고 있음을 시사한다. 상업 금융과 산업 정책의 경계를 의도적으로 허물어, 시장경제에서는 불가능한 수준의 재정적 화력을 확보하는 것이다.

이는 서구 자본주의의 관점에서 보면 매우 이질적인 현상이다. 리스크는 개별 금융기관이 아닌 국가 전체가 흡수한다. 이러한 구조는 7년에서 10년 안에 투자금을 회수해 수익을 내야 한다는 통상적인 압박에서 빅펀드를 해방시킨다. 빅펀드 3차의 자본금 납입 기간만 10년이며 전체 투자 기간은 15년을 훌쩍 넘는다.

이처럼 긴 호흡은 민간 자본이 기피하는 영역, 즉 당장의 수익성은 불투명하지만 국가의 기술적 명운이 걸린 반도체 제조 장비, 소재, 기초 설계와 같은 근원적 기술에 '안심하고' 투자할 수 있는 분위기를 조성한다. 빅펀드가 설정한 투자 우선순위는 미국의 수출 통제 목록과 거의 일치한다. 이는 미국이 드리운 기술 봉쇄망에서 가장 취약한 고리를 끊어 내고 독자적인 '카운터 공급망'을 구축하려는 명확한 의도를 보여 준다. 이는 단순한 산업 정책이 아니라, 금융을 무기화하여 지정학적 포위망을 돌파하려는 국가 차원의 생존 전략인 것이다.

빅펀드가 쏟아붓는 막대한 자금은 이야기의 시작일 뿐이다. 중국 모델의 진정한 힘은 단순한 자금 투자를 넘어, 신생 기술 기업이 겪는 가장 치명적인 난관, 즉 '첫 고객을 찾는 문제'를 국가가 직접 해결해 주는 '폐쇄적 루프 시스템Closed-loop System'에 있다. 대부분의 스타트업은 훌륭한 기술을 개발하고도 판로를 찾지 못해 고사하고 만다. 이러한 어려움을 보통 '죽음의 계곡'이라고 표현한다. 중국은 이 계곡을 무사히 건널 수 있도록 다리를 직접 놓아 준다.

폐쇄적 루프 시스템은 '투자-건설/개발-구매'라는 3단계로 선순환한다. 첫 번째 단계는 '투자'다. 빅펀드와 같은 국가 자본이 반도체, AI 등 국가가 정한 전략 분야의 스타트업에 자금을 투입한다. 두 번째 단계는 '건설/개발'이다. 이 자금을 바탕으로 기업들은 당장의 시장 수요나 수익성에 대한 압박 없이 기술과 제품을 개발할 충분한 시간을 확보한다. 그리고 마지막 세 번째 단계인 '구매'가 바로 이 시스템의 핵심이다. 국가는 거대한 국유기업 네트워크와 정부 기관을 동원해, 이제 막 개발된 신생 기업의 검증되지 않은 기술과 제품을 구매해 주는 '보장된 첫 고객' 역할을 한다.

AI 스타트업인 '딥시크'의 사례는 이러한 시스템이 실제로 어떻게 작동하는지를 명확히 보여 준다. 딥시크는 원래 민간 헤지펀드인 하이플라이어가 설립하고 자금을 댄 순수 민간 기업이었다. 그러나 그 기술의 전략적 가치를 인지한 국가는 즉시 행동에 나섰다. 딥시크가 새로운 AI 모델을 출시하자마자 시노펙Sinopec, 페트로차이나PetroChina와 같은 에너지 대기업부터 차이나모바일China Mobile 같은 통신사, 주요 자동차 및 건설 회사에 이르기까지 최소 20개의 중앙 국유기업이 이를 경쟁적으로 도입했다.

이는 우연이 아니다. 2025년 2월, 국유자산감독관리위원회State-owned Assets Supervision and Administration Commission of the State Council, SASAC 8는 중앙 국유기업들을 소집하여 'AI+' 프로그램을 선언하고 AI 기술의 전면적인 도입을 지시했다. 이는 사실상 국가가 나서서 스타트업을 위한 거대한 초기 시장을 창출해 준 것이다. 정부는 이와 같은 정책을 통해 신생 기업에게 귀중한 첫 매출을 안겨 줄 뿐만 아니라, AI 학습에 필요한 방대한 데이터를 제공하고, 국가가 공인했다는 신뢰도를 부여해 추가적인 민간 투자를 유치하는 데 결정적인 역할을 한다.

이는 서구의 혁신 모델과 근본적으로 다른 철학에 기반한다. 실리콘밸리가 시장의 수요를 예측하고 그에 맞는 기술을 개발하는 '수요 견인Demand-pull' 방식이라면, 중국의 모델은 국가가 전략적으로 필요하다고 판단한 기술을 먼저 만들게 한 뒤, 국가 권력으로 수요를 강제로 창출하는 '공급 주도Supply-push' 방식이다. 국가가 새로운 시장의 탄생을 예견하는 것이 아니라 '창조'하고 있는 것이다. 이는 시장의 자율성이 아닌 '국가의 의지'로 기술 혁신을 도모하려는 대담한 발상이다.

---

8 중국의 중앙 국유기업들을 직접 관리하고 감독하는 국무원 직속의 특설 기구.

거인의 그림자

하지만 막대한 국가 자본이 시장의 규율 없이 움직이는 시스템은 필연적으로 어두운 그림자를 동반한다. 비효율과 부정부패, 그리고 상상을 초월하는 규모의 투자 실패라는 비극 말이다. 비극의 그림자는 빅펀드의 심장부에서 가장 먼저 모습을 드러냈다. 2021년부터 시작된 일련의 부패 수사는 빅펀드와 그 운용사인 시노아이씨캐피털Sino IC Capital의 최고위급 인사들을 줄줄이 옭아맸다. 펀드 총재였던 딩원우丁文武를 비롯한 여러 핵심 인물들이 부패 혐의로 조사를 받았다. 이는 일부 개인의 일탈이 아니라, 막대한 자금이 투명성 없이 소수의 손에 집중될 때 발생하는 구조적 위험을 드러낸 사건이었다. 이 거대한 부패 스캔들은 펀드의 활동을 몇 달간 마비시켰고, 결국 지도부 전면 교체와 투자 전략 재검토로 이어졌다.

국가 주도 모델의 취약성을 가장 극적으로 보여 준 사례는 우한홍신반도체Wuhan Hongxin Semiconductor Manufacturing Co., Ltd., HSMC의 붕괴라는 대재앙이었다. HSMC는 세계적인 반도체 기업 TSMC에 필적하는 최첨단 공장을 짓겠다며 1,280억 위안(약 24.3조 원) 규모의 투자를 유치한, 그야말로 국가적 기대를 한 몸에 받던 기업이었다. 하지만 결과는 처참했다. 반도체 경험이 전무한 사기꾼들이 지방 정부의 실적 경쟁 심리를 이용해 벌인 거대한 사기극으로 판명 났고, HSMC는 수십억 달러의 정부 지원금을 탕진하고도 상업용 칩을 단 한 개도 생산하지 못한 채 2021년 공식적으로 폐업했다. 그러나 이는 지난 몇 년간 실패로 끝난 최소 6개의 대규모 반도체 프로젝트 중 하나일 뿐이었다.

이러한 실패는 단순히 돈을 쏟아붓는 것만으로는 수십 년간 축적된 기술적 노하우와 시장 질서, 그리고 경영 능력을 대체할 수 없다는 뼈아픈 교훈을 남겼다. 지방 정부 관리들의 실적 경쟁과 '묻지마 투자'가 만나면, 영혼은 없고 욕망만 가득한 '좀비 프로젝트'를 양산할 수 있다는 것을 여실히 보여 줬다.

하지만 베이징의 관점에서 보면, 이와 같은 거대한 낭비는 조금 다른 각도로 해석해 볼 여지도 있다. 중국에서 도산한 반도체 관련 기업의 수는 2022년 5,746개에 이어 2023년에는 그 두 배인 10,900개에 달한다. 이를 통해 우리는, 중국 정부의 목표가 미국의 기술 봉쇄를 단박에 부숴 버릴 극소수의 '국가대표'를 발굴하는 데 있으리라고 추정할 수 있다. 그 과정에서 수많은 기업이 희생되더라도 말이다.

이는 마치 목표물을 초토화할 수만 있다면 상당수의 포탄이 빗나가더라도 개의치 않는 '포화 사격'과 같은 전략이다. 열 개의 HSMC가 실패하더라도, 그 폐허 위에서 단 하나의 화웨이나 SMIC[9]가 살아남아 기술 자립을 이뤄 낸다면, 결과적으로 성공했다고 결론 내릴 수 있다. 이는 서구의 잣대로는 도저히 받아들일 수 없는, 기술 패권 전쟁이라는 비상 상황에서나 통하는 논리다. 이러한 중국의 모습은, 일부 기업에 대한 투자 실패가 재앙이 아니라 사전에 어느 정도 염두에 두었던 시나리오의 일부일 수 있다는 섬뜩한 가능성을 제기한다.

---

9 중국에서 가장 크고 기술적으로 앞선 반도체 위탁 생산 기업.

반도체에서 '몸을 갖춘 지능'으로, 그리고 끝나지 않은 질문

반도체 전쟁의 교훈을 통해 중국의 자본 전략은 한 단계 더 진화하고 있다. 방어적 자세로 반도체 공급망의 구멍을 메우는 데 급급했던 단계를 넘어, 다음 기술 패러다임의 주도권을 잡기 위한 공격적인 베팅에 나선 것이다. 그 승부수가 바로 2025년 1월에 설립된 600억 위안(약 11.4조 원) 규모의 '국가 AI 산업 투자 펀드'다.

이 새로운 펀드는 3차 빅펀드와 별개가 아니다. 3차 빅펀드가 직접 출자한, 사실상의 자회사이자 특수 임무를 부여받은 정예 부대다. 이는 중국의 국가 자본이 하나의 거대한 기계처럼 유기적으로 움직이고 있음을 보여 준다. 국가의 토대(반도체)를 확립하는 주력 부대(빅펀드)와 다음 전쟁(AI)을 대비하는 특수 부대(국가 AI 산업 투자 펀드)가 서로 긴밀히 연락을 주고받으며 활동하는 것이다.

가장 주목해야 할 점은 이 펀드의 명시적인 투자 목표다. 펀드의 총책임자는 "이 기금을 통해 데이터, 알고리즘, 컴퓨팅 파워를 아우르는 AI 공급망 전체에 투자할 예정이며, 특히 '구신지능(피지컬 AI)'을 핵심 투자 분야로 선정했다."라고 밝혔다.

이것은 이 책의 핵심 주장을 뒷받침하는 결정적인 증거다. 즉, 중국의 국가 전략이 단순히 서구를 모방하는 것을 넘어, AI가 물리적 세계와 만나는 지점에서 미래의 승기를 잡는 것을 목표로 한다는 것, 그리고 그 거대한 비전을 실현하기 위해 막대한 국가 자본을 투하하고 있다는 사실 말이다.

　이러한 자본 흐름의 변화는 3장에서 설명한 중국의 '3막 전략'이 어떻게 금융의 언어로 구체화되고 있는지를 보여 준다.

- 1막(몸체 구축) '중국제조 2025'와 같은 정책을 통해 로봇 산업의 기반을 닦고 세계 최대의 로봇 시장을 형성하며 물리적 '몸체'를 준비했다.

- 2막(두뇌 설계) 빅펀드를 통해 미국의 압박 속에서 반도체라는 '두뇌'를 만드는 데 국가적 역량을 쏟아부었다.

- 3막(융합) 이제 막 설립된 '국가 AI 산업 투자 펀드'는 3막을 위한 재정적 총알이다. 즉, 몸과 두뇌를 결합해 피지컬 AI라는 새로운 생명체를 탄생시키는 마지막 단계를 위해 국가의 돈이 움직이기 시작한 것이다.

　이것은 중국이 반도체 전쟁에서 얻은 교훈, 즉 방어만으로는 이길 수 없다는 깨달음을 반영한다. 그들은 이제 수세에서 공세로 전환하여, 서구가 아직 지배력을 확립하지 못한 새로운 기술 영역에서 선제적으로 깃발을 꽂으려 하고 있다. 그 깃발이 바로 피지컬 AI다.

　국가가 벤처캐피털리스트 역할을 하는 중국 모델은 이처럼 명明과 암暗을 뚜렷하게 보여 준다. 한편으로는 국가 자원을 총동원하여 전략 기술의 초기 도태 가능성을 제거하며, 장기적 목표를 향해 인내심을 가지고 흔들림 없이 나아가는 모습을 보여 준다. 그러나 다른 한편으로는 시장 감시 기능의 부재로 인해 천문학적 낭비와 부패가 초래될

가능성을 늘 안고 있으며, 국가의 인공호흡기 없이는 연명할 수 없는 '좀비 기업'을 양산할 구조적 위험을 내포한다.

이러한 중국의 도전에 직면하여 서구 역시 국가의 역할을 재정의하고 있다. 미국은 2,800억 달러(약 403조 원) 규모의 '칩스법CHIPS and Science Act(반도체 및 과학법)'을 통해 약 520억 달러(약 75조 원)를 직접 투입하여 자국의 반도체 산업을 육성하고 있다. 유럽연합 역시 '유럽 반도체법EU Chips Act'을 통해 430억 유로(약 72조 원) 이상을 동원하여 2030년까지 세계 시장 점유율을 20%로 끌어올리겠다는 목표를 세웠다.

하지만 이들의 접근 방식은 중국과 근본적으로 다르다. 미국과 유럽의 정책은 민간 기업이 특정 방향으로 움직이도록 인센티브를 제공하는 '시장 유도형' 모델이다. 국가가 시장의 규칙을 바꾸거나 특정 선수에게 보조금을 주지만, 경기는 여전히 민간 기업들이 치른다. 반면 중국은 국가가 직접 선수이자 감독, 심판, 그리고 경기장 소유주까지 겸하는 '시장 창조형' 모델이다. 서구의 가장 급진적인 산업 정책 모델이라 할 수 있는 미국 국방고등연구계획국조차, 소규모의 예산으로 혁신 기술의 씨앗을 뿌리는 것에 역점을 두고 상업화 단계는 민간 기업에게 전적으로 맡기는 '파종형' 모델에 가깝다. 이는 시장을 직접 통제하고 창조하려는 중국의 방식과는 차원이 다르다.

이제 우리는 이번 장의 마지막 질문에 도달했다. 실리콘밸리의 모델은 혼돈과 자유로운 경쟁 속에서 아이폰이나 챗GPT와 같은 세상을 바꾸는 파괴적 혁신을 만들어 내는 데 탁월함을 증명했다. 하지만 분기별 실적과 7년짜리 투자 회수 주기에 얽매인 그 시스템이, 첨단 로봇 공학이나 반도체 제조 공정처럼 길고 고통스러우며 화려하지 않은 기초 기술을 구축하는 장기전에서도 우위를 점할 수 있을까? 수십 년간 묵묵히 미래 기술을 육성하고 마침내 그 시장까지 보장해 주는 국가와 경쟁할 수 있을까?

서퍼의 민첩함이 이길 것인가, 아니면 엔지니어의 뚝심이 이길 것인가. 경기는 이제 막 시작됐을 뿐이다.

CHAPTER 8
반도체 제재가 낳은 운명적 역설

2022년 10월 바이든 대통령 집권 시기, 미국은 고성능 AI 칩의 대중국 수출을 통제하기 시작했다. 중국의 AI 및 반도체 자립을 억제하기 위한 조치였다. 이번 장에서는 미국의 공격이 어떻게 중국의 전략을 근본적으로 바꾸었으며, 그 과정에서 어떤 의도치 않은 결과가 나타나고 있는지를 깊이 들여다보고자 한다.

숨통 조이기, 그리고 피할 수 없는 선택

2022년 10월 7일, 미국 상무부는 새로운 정책을 발표했다. 이는 단순한 무역 규제가 아니었다. 21세기의 기술 패권이 어디로 향할지를 결정짓는, 노골적인 전쟁 선포에 가까웠다. 여기에는 고성능 AI 칩은 물론, 그 칩을 만드는 데 필수적인 반도체 제조 장비SME까지 중국으로의 수출을 포괄적으로 통제하는 내용이 담겨 있었다. 언론은 이를 '질식 작전'이라 칭했다.

이 공격은 이 책에서 우리가 지금까지 살펴본 중국 거대 전략의 급소를 정확히 겨누었다. 3장에서 분석한 '몸체 구축 → 두뇌 설계 → 융합'이라는 3막 전략의 두 번째 막, 즉 AI의 '두뇌'를 설계하는 단계를 정면으로 타격한 것이다. 또한 5장에서 다룬 중국의 '살아 있는 실험실'이라는 독보적인 무기에서 가장 중요한 '엔진'을 무력화하려는 시도였다. '체화된 데이터'라는 연료를 아무리 많이 확보해도, 그것을 처리할 강력한 엔진이 없다면 무용지물이라는 철저한 계산이 깔려 있었다.

미국의 의도는 명확했다. 중국의 AI 발전을 수년, 어쩌면 수십 년 뒤로 후퇴시켜 기술적 종속 상태를 유지하려는 것이었다. 과거 미국은 중국과 경쟁하면서도 깊은 경제적 상호의존을 용인하는 전략을 취해왔다. 하지만 2022년 10월의 조치는 그 기조의 근본적인 전환을 의미했다. 이는 중국의 특정 행동을 바꾸려는 것이 아니라, 중국의 기술적 역량 자체를 억제하고 지체시키려는 '적극적 봉쇄' 전략으로의 전환이었다.

이 강력한 외부 충격 앞에서 중국에게 중간 지대는 없었다. 미국의 의도대로 굴복하고 기술적 패권을 순순히 내주거나, 훨씬 더 고통스럽고 비용이 많이 들지만 완전한 자립을 향한 길을 택하는 것, 이 두 가지 선택지만이 남았다. 그리고 중국은 후자를 선택했다. 미국의 질식 작전은 결코 중국의 야망을 꺾지 못했다. 오히려 중국의 기술 전략을 더 단단하고, 더 독자적인 경로로 밀어 넣는 가장 강력한 촉매제가 되었다. 중국은 '외국의 기술을 도입해 충분히 소화한 후 새로운 것으로 재

창조하는' 기존의 방식이 더는 유효하지 않다는 사실을 뼈저리게 느꼈다. 이제 천문학적인 비용이 들더라도 기술 자립은 선택이 아닌, 국가 안보가 걸린 필수 과제가 되었다.

생존을 위한 몸부림: 화웨이가 준비한 'B+ 생태계'

미국의 제재가 가해지자, 중국 기술 생태계의 최우선 과제는 엔비디아의 빈자리를 채울 대안을 찾는 것이었다. 이 절체절명의 과제를 해결하기 위해 나선 것은 4장에서 '국가대표 중의 국가대표'로 소개했던 화웨이였다. 화웨이는 미국의 제재에 맞서 자체 개발한 AI 칩 '어센드' 시리즈를 해결책으로 제시했다.

이 과정에서 중국은 '성능'이라는 개념 자체를 재정의해야 했다. 미국의 제재는 중국에게 성능의 가장 중요한 요소가 하드웨어 스펙이 아니라 '가용성'임을 절감하게 했다. 아무리 A+급 칩이라 해도, 접근할 수 없다면 실질적 성능은 '0'이나 다름없기 때문이다. 이것이 바로 'B+ 생태계' 전략의 탄생 배경이다. 통제 불가능한 세계 최고의 A+급 기술을 좇는 대신, 성능은 조금 부족하더라도 완전히 통제 가능한 B+급 기술 생태계를 구축하겠다는 대전환이었다.

중국의 새로운 성공 방정식은 '실질적 성능 = 기술적 성능 × 공급망 안정성'으로 재정의되었다. 이 방정식에 따르면, 기술 성능이 0.85이고 공급망 안정성이 1.0인 국산 B+급 칩이, 기술 성능은 1.0이지만 공급망 안정성이 0에 수렴하는 외국산 A+급 칩보다 압도적으로 우월하다.

이러한 전략이 탄생한 배경에는 화웨이의 어센드 칩과 미국의 수출 통제용 모델인 엔비디아 H20의 경쟁이 있다. 화웨이의 어센드 910B/C는 총연산성능Total Processing Performance, TPP 측면에서는 엔비디아 H20을 능가하는 것으로 평가된다. 하지만 AI 모델 훈련에 결정적인 메모리 대역폭에서는 H20이 최신 HBM3 메모리를 사용해 어센드의 구형 HBM2E 메모리보다 월등한 성능을 보인다. 이러한 기술적 차이 때문에, 애국심에 기반한 구매 압력에도 불구하고 2024년 중국 기업들은 엔비디아 H20 칩을 100만 개 이상 구매한 반면, 화웨이 어센드 칩은 그 절반에도 미치지 못하는 45만 개가량만 구매한 것으로 추정된다.

그러나 중국의 전략은 개별 칩의 성능 개선을 넘어 시스템 단위의 혁신으로 나아가고 있다. 화웨이가 최근 공개한 '클라우드매트릭스CloudMatrix' 클러스터는 수백 개의 어센드 칩을 독자적인 광학 네트워킹 기술로 연결하여, 특정 대규모 연산 작업에서는 엔비디아의 최신 시스템을 능가하는 성능을 보이기도 했다. 물론 전력 소모가 훨씬 크다는 단점이 있지만, 이는 개별 칩의 약점을 시스템 레벨의 최적화로 극복하려는 시도라는 점에서 의미가 크다.

이러한 B+ 생태계로의 전환은 결코 순탄치 않다. 엔비디아의 진정한 힘은 하드웨어가 아니라 20년 가까이 축적된 CUDA라는 소프트웨어 생태계에 있다. 중국 개발자들의 입장에서는, CUDA에서 화웨이의 CANN 플랫폼으로 전환하는 것은 단순히 코드를 고쳐 쓰는 수준이 아니라, 데이터센터의 물리적 구조(배선, 전력 공급, 냉각 등)를 새 시스템에 맞춰 뜯어고치고, 엔지니어들이 수년간 축적한 소프트웨어 자산과 작업 방식을 포기한 채 새로운 기술 생태계에 적응해야 하는, 고통스럽고 비용이 많이 드는 '대수술'이다. 초기 어센드 칩 사용자들은 과열, 잦은 충돌, 버그 등 수많은 기술적 문제에 부딪혔고, 이는 알리바바나 텐센트 같은 거대 기술 기업들이 전면적인 도입을 주저하게 만들었다. 한 중국 기업 임원은 화웨이 측에 "화웨이 플랫폼에 적응하는 것은 우리 일이 아니다. 화웨이가 우리에게 적응해야 한다."라고 일갈

표 8-1. 화웨이 어센드 910C와 엔비디아 H20의 성능 비교

구분	화웨이 어센드 910C	엔비디아 H20
아키텍처	다빈치 Da Vinci	호퍼 Hopper
제조 공정	SMIC 7nm/5nm	TSMC 4nm
연산 능력	752TFLOPS	약 296TFLOPS
메모리 종류	HBM2E	HBM3
메모리 용량	128GB	96GB
메모리 대역폭	3.2TB/s	4.0TB/s
상호 연결 기술	Unified Bus[UB]	NVLink
소프트웨어 생태계	CANN, MindSpore	CUDA
핵심 장점	H20 대비 상대적으로 우수한 연산 능력, 공급망 안정성	압도적인 메모리 대역폭, 성숙한 생태계
핵심 단점	낮은 메모리 대역폭, 미성숙한 생태계	미국 정부의 수출 통제 대상

하기도 했다.

바로 이 지점에서 중국 국가자본주의 모델의 특이점이 드러난다. 일반적인 경우라면 이처럼 불안정한 신생 플랫폼은 금세 도태되고 말았을 것이다. 하지만 중국 정부는 국유기업과 빅테크 기업들에게 화웨이 칩 사용을 강력히 권고하거나 사실상 의무화하고 있다.

이는 화웨이가 거대한 내수 시장이라는 보호막 안에서 충분한 현금 흐름과 시간적 여유를 바탕으로 제품을 개선할 수 있게 해 준다. 그리고 중국의 기업들이 화웨이의 '베타 테스터'가 되어 개발 비용을 분담하고, 그 과정에서 얻어지는 기술적 이득은 화웨이가 독점하는 구조다. 이는 자유 시장에서는 불가능한 방식으로, 새로운 기술 생태계가 겪는 '닭이 먼저냐, 달걀이 먼저냐'의 딜레마를 국가의 힘으로 돌파하는 것이다. 이에 더해 화웨이는 최근 CANN 소프트웨어 스택을 오픈 소스로 전환하겠다고 발표했다. 이는 독자적으로 CUDA의 아성을 넘기 어렵다는 현실을 인정하고, 커뮤니티의 힘을 빌려 장기전을 도모하겠다는 전략적 선택이다.

무모함 혹은 위대함: SMIC의 퇴로 없는 돌진

화웨이가 AI의 '두뇌'를 설계했다면, 그 두뇌를 실현할 '손'의 역할을 맡은 곳은 중국 최대 파운드리Foundry10 기업인 SMIC였다. SMIC는 반도체 전쟁에서 중국의 국가적 의지만으로 기술 장벽과 경제적 고정관념을 뛰어넘을 수 있음을 보여 주는 가장 극적인 사례다.

미국의 제재는 네덜란드 ASML이 독점 생산하는 최첨단 극자외선 Extreme Ultraviolet, EUV 노광 장비의 중국 수출을 막는 데 초점이 맞춰졌다. EUV 장비 없이는 7나노^{nm} 이하 최첨단 공정 진입이 불가능하다는 것이 당시 서구 기술계의 지배적인 시각이었다.

하지만 중국의 SMIC는 구형 심자외선 Deep Ultraviolet, DUV 장비로 같은 회로를 여러 번 겹쳐 그리는 '멀티 패터닝 Multi-patterning' 기술을 활용해 7나노 공정을 구현하며 기존 통념을 깨뜨렸다. 마치 초정밀 펜 EUV 없이 더 굵은 펜 DUV 으로 같은 자리를 오차 없이 여러 번 덧그리는 것처럼, 엄청난 비효율과 높은 난도를 감수하는 방식이다.

그 결과는 놀라웠지만 대가는 막대했다. 업계는 SMIC의 7나노 공정 생산 비용이 TSMC보다 40~50% 더 비싸고, 수율 Yield[11]은 TSMC(80% 이상)의 절반에도 못 미치는 30%대에 불과할 것으로 추정한다. 정상적인 시장 논리로는 '자살 행위'에 가까운 사업인 것이다. 미국의 제재 또한 그 어떤 기업도 이러한 비효율을 감수하지 않으리라는 '상식'을 토대로 설계된 것이다.

그러나 이 가정은 중국의 독특한 '국가 자본주의'를 간과한 것이었다. 국영 기업인 SMIC의 목표는 매출과 영업이익의 극대화가 아니라, '미국의 기술 봉쇄 돌파'라는 국가적 과제였다. 여기서 발생하는 막대한 손실은 국가가 '전략적 R&D 비용'으로 기꺼이 감당한다.

---

10 다른 기업이 설계한 반도체를 전문적으로 위탁 생산하는 반도체 제조 공장.
11 생산한 제품 중 정상적으로 작동하는 제품의 비율.

2023년 화웨이가 SMIC의 7나노 칩을 탑재한 '메이트 60 프로' 스마트폰을 출시했을 때, 그것은 단순한 신제품 발표가 아니었다. 미국의 봉쇄에도 중국이 자력으로 첨단 기술의 문턱을 넘을 수 있음을 보여준, 미국에게는 '제2의 스푸트니크 쇼크'와 같은 상징적 사건이었다.

중국은 화웨이와 연계된 것으로 알려진 사이캐리어SiCarrier 같은 자국 기업을 통해 독자적인 노광 장비 개발에 엄청난 돈을 쏟아붓고 있다. SMIC의 무모해 보이는 도전은 바로 이 자국산 장비가 완성될 때까지 버티기 위한, 막대한 비용을 감수하는 처절한 시간 벌기인 셈이다.

의도하지 않은 결과: 세계 산업의 '몸통'을 쥔 거인

전 세계가 최첨단 AI 칩을 둘러싼 미중 간의 치열한 공방에 주목하는 동안, 전쟁의 안개 뒤편에서는 훨씬 더 거대하고 중대한 지각 변동이 일어나고 있었다. 미국의 제재가 낳은 가장 심오하고 의도치 않은 결과는, 중국이 '성숙 공정Mature Process[12]' 반도체 시장에서 압도적인 우위를 점하게 되었다는 점이다.

성숙 공정은 보통 14나노 이상의 구형 기술로 만들어지는 반도체를 의미한다. 이 칩들은 최첨단 AI 연산에는 쓰이지 않지만 자동차, 가전제품, 산업용 로봇, 전력망 등 현대 산업 경제의 거의 모든 영역을 움직

---

[12] 최첨단 기술보다 오랜 기간 안정성을 인정받은 기술을 사용하는 반도체 생산 공정으로, 주로 자동차나 가전제품용 칩 생산에 사용됨.

이는 '신경계'와 같은 역할을 한다. 미국의 제재는 바로 '좁은 마당, 높은 울타리Small Yard, High Fence' 전략에 따라 '최첨단 기술'에만 집중되었고, 성숙 공정이라는 거대한 마당은 사실상 무방비 상태로 열어 두었다.

최첨단 공정으로의 길이 막힌 중국의 막대한 국가 자본은 이처럼 활짝 열려 있는 공간으로 급물살처럼 밀려 들어갔다. 그 결과, 중국은 오늘날 성숙 공정 관련 시장을 쥐락펴락하는 자리에 오르게 되었다. 시장조사기관 트렌드포스TrendForce는 당초 2027년까지 전 세계 성숙 공정 반도체 생산 능력 측면에서 중국이 차지하는 비중이 33%에 달할 것으로 예측했으나, 최근 그 수치를 39%로 상향 조정했다. 이는 중국의 확장이 예상보다 훨씬 빠르게 진행되고 있음을 보여 준다. 특히 자동차, 산업 기계에 필수적인 전력 반도체, 이미지 센서, 디스플레이 구동칩과 같은 분야에서 중국의 성장은 두드러진다.

표 8-2. 미국 제재 전후 중국의 전략 변화

구분	제재 이전	제재 이후
주요 목표	글로벌 A+ 기술 따라잡기	통제 가능한 B+ 생태계 구축
핵심 기술	엔비디아 GPU, ASML EUV 등 해외 기술 도입	화웨이 어센드, SMIC DUV 등 국산 기술 자립
주요 행위자	알리바바, 텐센트 등 민간 빅테크 주도	화웨이, SMIC 등 국가대표 기업 및 국유 자본 중심
위험 평가	시장 경쟁 및 기술 격차 위험	공급망 단절 및 지정학적 고립 위험
성공의 정의	세계 최고 수준의 기술력 확보	기술적 주권 및 완전한 자급자족 달성

서구의 분석가들은 종종 이러한 확장이 '과잉 공급'과 이로 인한 '가격 붕괴'를 초래하게 될 것이라고 우려한다. 그러나 이러한 시각은 중국의 전략적 의도를 간과한 것일 수 있다. 중국의 1차 목표는 자국의 거대한 내수 시장, 특히 전기차와 같은 전략 산업에 안정적인 반도체 공급망을 구축하는 것이다. 중국 내수 시장만으로도 이 막대한 생산량의 상당 부분을 흡수할 수 있다. 서구가 '과잉 공급'으로 간주하는 현상을, 중국은 미래의 불확실성에 대비하기 위한 '충분한 공급 능력 확보'로 바라본다. 그 과정에서 파생되는 가격 덤핑과 그로 인한 경쟁 업체의 도태는 의도치 않은 결과이거나, 혹은 애초부터 의도한 결과일 수도 있다.

여기서 우리는 이 반도체 전쟁이 만들어 낸 거대한 아이러니와 마주하게 된다. 미국은 중국 AI의 '두뇌'를 최면 상태에 빠지게 하려다, 역설적으로 중국이 전 세계 산업의 '몸체'를 움켜쥘 수 있는 길을 열어 준 셈이다. 미래의 어느 시점에 서방 세계가 가장 진보한 AI 모델을 손에 쥐는 날이 오더라도, 정작 그 AI가 명령을 내릴 자동차, 로봇, 공장을 만드는 데 필요한 수많은 범용 칩은 중국에 의존해야 하는 새로운 형태의 '역逆 기술 종속' 관계가 형성될 수 있다. 미국이 시도했던 질식 작전이, 훗날 중국이 전 세계를 상대로 구사할 수 있는 새로운 질식 작전의 기반을 닦아 준 것일지도 모른다.

또 다른 우회로: 개방형 아키텍처라는 새로운 전장

미국의 제재가 하드웨어와 제조 장비에 집중되는 동안, 중국은 더 근본적인 차원에서 기술적 독립을 모색하기 시작했다. 반도체라는 건물을 짓는 데 필요한 '벽돌(칩)'과 '건설 장비(반도체 제조 설비)'를 넘어, 건물의 '설계도' 자체를 바꾸려는 시도다. 이 설계도에 해당하는 것이 바로 '명령어 집합 아키텍처 Instruction Set Architecture, ISA(이하 ISA)'다. ISA는 소프트웨어가 하드웨어(프로세서)를 제어하는 방식을 정의하는 가장 기본적인 규칙의 집합이다.

지금까지 컴퓨터 프로세서 세계는 인텔의 x86과 영국 암Arm의 ARM 아키텍처라는 두 가지 ISA가 양분해 왔다. 중국이 아무리 자체적으로 칩을 설계하고 생산할 수 있게 되더라도, 이 두 아키텍처 중 하나를 사용하려면 라이선스 비용을 내야 하고, 잠재적으로는 미국의 제재 대상이 되어 근본적인 종속 관계에서 벗어날 수 없다. 이것이야말로 미국이 경쟁 상대를 옭아맬 수 있는 최후의 기술적 고삐다.

이러한 근원적 종속 관계를 끊기 위한 중국의 대안이 바로 'RISC-V'다. RISC-V는 특정 기업이 소유하지 않은, 누구나 무료로 사용할 수 있는 개방형 표준 ISA다. 과거 리눅스가 마이크로소프트 윈도우라는 독점적인 운영체제에 대한 대안을 제시했듯, RISC-V는 x86과 ARM의 독점 구조에 대한 대안을 제시한다. 중국 정부와 기업들은 이 RISC-V를 미래 반도체 자립의 핵심 열쇠로 보고 막대한 자원을 쏟아붓고 있다.

미국의 정책 입안자들은 RISC-V가 자국의 수출 통제를 무력화할 수 있는 '우회로'가 될까 봐 두려워하고 있다. 그러나 RISC-V는 스위스에 본부를 둔 국제 비영리 재단이 관리하는 '개방형 표준'이기 때문에, 미국 정부가 특정 기업을 제재하듯 통제하기가 매우 어렵다. 중국의 RISC-V에 대한 투자는 미국의 제재에 대한 단기적인 대응만을 위해서가 아니다. 즉, 서구 중심의 기술 질서에서 벗어나, 처음부터 제재의 영향력 밖에 있는 새로운 기술 생태계를 구축하려는 장기적이고 근본적인 전략의 일환이다. 미국의 제재가 중국에게 B+ 생태계와 성숙 공정 지배라는 '새로운 발톱'을 부여했다면, RISC-V로의 전환은 그 발톱을 움직일 '독자적인 신경계'를 구축하려는 시도라고 할 수 있다.

역사는 종종 의도치 않은 결과들로 점철되는데, 미중 반도체 전쟁은 그중에서도 가장 극적인 사례로 기록될 것이다. 중국의 기술적 야망에 재앙적 타격을 입히기 위해 설계된 미국의 제재는, 궁극적으로 중국의 기술 자립을 위한 가장 강력한 촉매제로 작용했다.

외부의 공격은 내부의 이견을 잠재우고 국가를 하나로 결집시키기 위한 최고의 명분이 되었다. 공급망 단절의 위협은 화웨이와 같은 자국 기업에게 거대한 내수 시장이라는 전례 없는 기회를 제공하며 'B+ 생태계'의 성장을 가속했다. 경제적 논리를 무시하는 것처럼 보였던 SMIC의 무모한 도전은, 국가의 강력한 의지와 지원이 뒷받침된다면 상대가 오랜 기간 쌓아 올린 견고한 기술 장벽마저도 결국 극복할 수 있음을 상징적으로 보여 주었다. 그리고 가장 중요하게도, 최첨단 기술에 대한 봉쇄는 중국의 자본과 역량을 성숙 공정이라는 새로운 전쟁터로 향하게 했고, 이는 미래 글로벌 공급망의 지형을 근본적으로 바꿀 잠재력을 잉태하고 있다. 더 나아가, 이 모든 압박은 중국이 서구의 기술 표준 자체에서 벗어나 RISC-V라는 새로운 길을 개척하도록 등을 떠밀었다.

요컨대, 미국의 질식 작전은 중국의 부상을 저지하지 못했다. 단지 경쟁의 무대와 규칙을 바꾸었을 뿐이다.

CHAPTER 9
백가쟁명: 국가가 설계한 혼돈, 그리고 예상 밖의 침입자

챗GPT의 등장은 중국에 실질적인 위협을 안겨 주었다. 알파고가 커제 9단을 무너뜨렸을 때와는 또 다른 위협이었다. 중국은 서구와의 인공지능 경쟁을 국가의 명운을 건 총력전으로 받아들이고 즉각적이고 거대한 스케일로 응전하기 시작했다. 이른바 '백모대전' 즉 '100개 모델(모형) 전쟁'이라 불리는 전례 없는 경쟁이었다. 이렇듯 강요된 혁신은 중국 기술 생태계에 또 다른 파동을 일으켰다.

새로운 스푸트니크 쇼크와 거대한 용광로

2022년 11월 30일, 세상은 조용히 공개된 하나의 웹사이트에 열광하기 시작했다. 오픈AI가 내놓은 챗GPT는 단순한 기술적 진보가 아니었다. 그것은 인공지능이 인류의 지적 영역에 얼마나 깊숙이, 그리고 얼마나 광범위하게 들어올 수 있는지를 아주 명쾌하게 보여 주었다. 이것이 던진 충격파는 중국의 기술 엘리트들에게 2017년 알파고가 커제 9단을 무너뜨렸을 때와는 전혀 다른 종류의 위기감을 안겨 주었다.

알파고 쇼크가 바둑이라는 특정 전문가 집단의 지적 영역이 정복당한 사건이었다면, 챗GPT의 등장은 인공지능이 모든 사람의 일상과 산업 현장에 즉시 적용될 수 있는 범용 기술로 진화했음을 알리는 실질적인 위협이었다. 특정 게임의 규칙 안에서 최적의 수를 찾는 능력과, 인간의 언어로 소통하고 창작하며 거의 모든 지식 노동을 보조할 수 있는 능력 사이에는 크나큰 간극이 있다. 중국 지도부는 알파고의 승리를 지켜보며 특정 분야에서의 기술적 격차를 인지했지만, 챗GPT를 보면서는 미래 산업 전체의 기반 플랫폼을 빼앗길 수 있다는 공포를 느꼈다. 이는 미국이 소련의 인공위성 발사에 충격을 받았던 '스푸트니크 모멘트'에 비견할 만한 사건이었다.

이 새로운 위기 상황에 대한 중국의 대응은 즉각적이고 거대했다. 바로 '백모대전百模大战', 즉 '100개 모델(모형) 전쟁'이라 불리는 전례 없는 경쟁의 막이 오른 것이다. 관영 신화통신과 《인민일보》가 적극적으로 사용한 이 용어는 1940년대 항일전쟁 시기 공산당이 주도했던 대규모 군사 작전인 '백단대전百团大战'을 연상시킨다. 이는 단순한 수사가 아니다. 역사적 은유를 통해 국가적 목표를 설정하고 대중을 동원하는 것은 중국 공산당의 오래된 통치 기술이다. '백모대전'이라는 용어를 차용함으로써, 중국 지도부는 인공지능 경쟁을 단순한 시장 경제의 흐름이 아니라 국가의 명운을 건 총력전이자 일종의 군사적 캠페인으로 인식하고 있음을 명백히 보여 주었다.

기술적 열세를 국가적 위기로 규정하고, 이를 통해 모든 자원을 하나의 목표 아래 동원하는 것. 이는 외부의 충격을 내부의 동력으로 전환하는 중국 특유의 통치 방식이 다시 한번 발현된 순간이었다. 국가가 직접 불을 지핀 이 거대한 용광로는 수많은 인공지능 모델을 쏟아내며 중국 기술 생태계 전체를 들끓게 했다. 그 목표는 명확했다. 서구를 따라잡고 궁극적으로는 추월할 강력한 '국가대표'를 단련시키는 것.

그런데 이 용광로가 전혀 예상치 못한 결과물을 만들어 냈다. 국가의 지원이나 거대 자본의 후광 없이, 시스템의 논리를 거스르는 듯한 하나의 '이례 현상'이 탄생한 것이다. 이번 장에서는 국가가 어떻게 혼돈을 설계하고 통제하여 인공지능 굴기를 이끌었는지, 그리고 그 통제된 혼돈 속에서 어떻게 누구도 예상치 못했던 독립적인 강자, 딥시크가 나타나 중국의 거대 전략 자체에 새로운 질문을 던지게 되었는지를 추적해 보고자 한다.

통제된 혼돈: 국가라는 이름의 다원주의 실험장

'백모대전'의 초기 양상은 그야말로 혼돈 그 자체였다. 2023년부터 바이두, 알리바바, 텐센트, 화웨이 같은 기존의 기술 대기업은 물론, 수많은 스타트업까지 경쟁적으로 대규모 언어 모델LLM(이하 LLM)을 쏟아내기 시작했다. 시장에 등장한 LLM의 수는 순식간에 300개를 넘어섰다. 서구의 시각에서 이는 비효율적인 중복 투자와 자원 낭비처럼 보일 수 있다. 하지만 이와 같은 폭발적인 증가는 정부의 무능이나 방치에 기인한 것이 아니었다. 오히려 이것은 국가가 치밀하게 설계한 2단계 산업 정책의 첫 번째 국면, 즉 '통제된 혼돈'의 시작이었다.

1단계. 선경쟁先競爭: 혼돈 방출

중국 정부는 시장을 의도적으로 느슨하게 통제하며 기업들이 서로 치열하게 싸우도록 부추겼다. 이는 짧은 시간 안에 생태계 전체의 기술 수준을 상향 평준화하고, 가장 강력하고 효율적인 플레이어를 가려내기 위한 거대한 다원주의적 실험과 같았다. 국가가 처음부터 특정 승자를 지목하지 않고, 수많은 참가자가 무한 경쟁을 벌이는 거대한 투기장을 열어 준 것이다. 이는 거대한 내수 시장을 '살아 있는 실험실'로 활용하여 하드웨어 기술을 단련시켰던 과거의 성공 전략을 소프트웨어 개발 영역에서 그대로 재현한 것이었다. 정부는 일단 판을 깔고, 누가 살아남는지를 지켜보았다.

2단계. 후규제後規制: 통제권 회수

경쟁이 무르익고 바이두의 '어니봇Ernie Bot', 알리바바의 '통이치엔원通义千问' 등 소위 '여섯 마리 호랑이'로 불리는 소수의 승자가 윤곽을 드러내자, 국가는 즉시 2단계인 '통제권 회수'에 나섰다. 중국 사이버공간 관리국Cyberspace Administration of China, CAC을 중심으로 국가발전

개혁위원회, 교육부, 과학기술부 등 6개 부처가 연합하여 2023년 7월 10일 '생성형 인공지능 서비스 관리 잠정 방법生成式人工智能服务管理暂行办法'을 발표하고, 같은 해 8월 15일부터 시행에 들어갔다.

이 규정의 핵심은 대중에게 생성형 AI 서비스를 제공하려는 모든 기업에 대해 의무적인 등록 및 승인 절차를 요구한 것이다. 기업들은 모델의 기능, 데이터 수집 방식, 보안 평가 등 상세한 정보를 제출하고 당국의 심사를 통과해야만 서비스를 출시할 수 있었다. 이와 같은 규제는 단순한 검열 도구가 아니라, 정교하게 설계된 산업 정책의 마무리 단계였다. 주목할 점은 규제의 범위가 '중국 내 대중에게 제공되는 서비스'로 한정되었다는 점이다. 이는 기업 내부의 연구개발 활동이나 기업 간B2B 서비스는 규제 대상에서 제외함으로써, 혁신의 불씨를 꺼뜨리지 않으려는 실용적 계산이 깔려 있음을 보여 준다.

규제의 초안은 모든 서비스에 대해 보안 평가를 의무화하고, 생성된 콘텐츠에 대한 공급자의 책임을 엄격하게 묻는 등 훨씬 강경한 내용을 담고 있었다. 하지만 최종안에서는 '여론 형성 또는 사회 동원 능력을 갖춘' 서비스에 대해서만 보안 평가를 받도록 요건을 완화했다. 이는 산업을 고사시킬 수 있다는 우려를 반영해, 통제의 강도를 조절하는 유연성을 보여 준 사례다. 국가는 혁신의 속도를 늦추지 않으면서도, 정치적 안정성을 위협할 수 있는 잠재적 위험만은 확실히 통제하겠다는 의도를 명확히 한 것이다. 2024년 8월까지 공식적으로 등록 승인을 받은 모델은 190개를 넘어섰고, 이는 국가가 설계한 거대한 필터링 시스템이 성공적으로 작동하고 있음을 증명했다.

이 2단계 접근법은 중국식 산업 정책의 정교함을 보여 준다. 시장의 역동성을 활용해 혁신의 속도를 극대화하되, 그 결과물이 국가의 통제 범위를 벗어나지 않도록 제도적 안전장치를 마련하는 것이다. 이 과정에서 살아남은 기업들은 단순히 기술적으로 뛰어날 뿐만 아니라, 국가의 규제와 정책 방향에 순응할 준비가 된 '정치적으로 신뢰할 수 있는' 플레이어이기도 하다. 이는 오직 기술과 시장 논리에 따라 움직이는 서구의 AI 기업들과는 근본적으로 다른, 중국 특유의 기술-정치 복합체를 탄생시키는 과정이다. 국가는 혼돈을 통해 혁신을 촉발시키고, 규제를 통해 이를 길들이는 것이다.

헤지펀드에서 온 침입자, 딥시크

'백모대전'이라는 용광로가 한창 뜨겁게 달아오르던 2023년, 경쟁의 판을 흔드는 침입자가 등장했다. 바로 딥시크다. 딥시크의 등장은 그 자체로 하나의 이례적인 현상이었다. 이 회사는 바이두나 화웨이처럼 국가의 전폭적인 지원을 받는 '국가대표'도 아니었고, 전통적인 벤처캐피털의 투자를 받은 스타트업도 아니었다.

딥시크의 모태는 '하이플라이어'라는 중국의 성공적인 퀀트 헤지펀드였다. 창업자 량원펑은 1985년생의 젊은 엔지니어 출신 금융인으로, 저장대학교에서 컴퓨터 비전을 전공한 후 일찍부터 인공지능을 활용한 자동 주식 거래로 막대한 부를 쌓았다. 그 뒤 2015년에 하이플라이어를 설립해 첨단 알고리즘을 무기로 운용 자산의 규모를 단 몇 년

만에 100배 이상 불리며 중국 최대 퀀트 헤지펀드 중 하나로 성장시켰다. 하지만 2021년 시황이 급격히 변화하면서 막대한 손실을 입게 되자, 금융 시장의 병동성 예측이라는 제한된 문제를 넘어 인공지능 기술 자체의 근본적인 발전에 집중해야 한다는 결심을 하게 된다. 2023년, 그는 하이플라이어의 AI 연구 부서를 독립시켜 딥시크를 설립했다.

그의 목표는 단기적 수익이 아니라 범용 인공지능 Artificial General Intelligence, AGI 개발이라는 원대한 것이었다. 그리고 그 목표를 추구할 수 있었던 가장 큰 무기는 바로 '거대 자본으로부터의 독립'이었다. 그는 벤처캐피털의 단기적인 수익 압박이나 국가의 전략적 지침에서 자유로운 독자적인 자금줄을 가지고 있었다. 이는 딥시크가 오직 기술적 효율성과 장기적 목표에만 집중할 수 있는 결정적인 배경이 되었다. 국가가 설계한 운동장에서 뛰고 있었지만, 국가의 각본을 따르지 않는 선수가 등장한 것이다.

딥시크의 성공 신화 뒤에는 량원펑의 놀라운 선견지명이 있었다. 2022년 10월 미국의 강력한 반도체 수출 통제가 본격화되기 이전에, 하이플라이어를 통해 엔비디아의 최첨단 A100 GPU를 무려 1만 개나 사들여 비축해 둔 것이다. 이는 당시 오픈AI가 GPT-4 훈련에 사용했을 것으로 추정되는 양과 맞먹는 규모다.

다른 중국 기업들이 제재 이후 성능이 저하된 수출용 칩(A800, H800)을 구하기 위해 전전긍긍할 때, 딥시크는 자신들만의 무기고에 세계 최고 수준의 '엔진'을 가득 채워 놓고 전쟁을 시작한 셈이다. 이 GPU들을 기반으로 그는 '파이어플라이어 Fire-Flyer' 1호와 2호로 불리는 자체 고성능 컴퓨팅 클러스터를 구축했다.

하지만 딥시크의 진짜 무기는 하드웨어가 아니었다. 그들은 자신들이 가진 최첨단 GPU가 언젠가는 소모될 유한한 자원이라는 사실을 누구보다 잘 알았다. 이는 '무한한 컴퓨팅 파워'를 전제로 규모의 경제를 추구하는 서구 빅테크의 방식 대신 '알고리즘과 아키텍처의 효율성'을 극대화하는 방향으로 혁신을 이끌었다. 미국의 제재라는 외부의 압박이 역설적으로 내부의 창의성을 촉발시킨 것이다. 그 결과물이 바로 기존의 어텐션 메커니즘을 획기적으로 개선한 '다중 헤드 잠재 어텐션Multi-head Latent Attention, MLA' 시스템과, 모델의 특정 부분만 활성화하여 연산량을 줄이는 '전문가 혼합Mixture-of-Experts, MoE' 아키텍처의 극한적 활용이다.

이러한 혁신 덕분에 딥시크는 놀라운 비용 효율성을 달성했다. 그들은 자사의 최첨단 V3 모델을 훈련하는 데 600만 달러 미만이 들었다고 주장했는데, 이는 GPT-4 개발에 1억 달러 이상이 들었을 것이라는 업계의 추정과 비교하면 극히 일부에 불과한 금액이다. 물론 이 수치를 둘러싼 논란도 있다. 일부 분석가들은 이 금액이 하드웨어 구매나 인프라 구축, 연구개발 인건비 등 막대한 간접비를 제외한 순수한 GPU 연산 비용일 뿐이며, 실제 총비용은 5억 달러를 훌쩍 넘을 것이라고 지적한다. 하지만 총비용이 얼마인가는 중요한 논쟁거리가 되지 않는다. 딥시크가 훨씬 적은 훈련 연산량으로 비슷한 수준의 성능을 달성했다는 사실, 즉 압도적인 '컴퓨팅 효율성'을 증명했다는 점은 누구도 부인할 수 없기 때문이다.

딥시크의 등장은 국가 주도 시스템의 허를 찌르는 사건이었다. 국가의 전략적 지원도, 전통적 벤처 자본의 후원도 없이, 한 개인의 통찰력과 자본, 그리고 기술적 집요함이 만들어 낸 이 '침입자'는 '백모대전'의 구도를 단숨에 바꿔 놓았다. 그리고 이와 같은 이례적 현상은 중국의 거대 전략이 마주할 가장 혹독한 현실의 시험대가 될 운명이었다.

현실의 벽: '메이드 인 차이나' 칩의 처참한 실패

딥시크의 눈부신 성공은 중국 정부에게 달콤한 승리인 동시에 껄끄러운 도전이었다. 독립적인 아웃사이더의 성공을 통해 '백모대전'의 역동성을 증명했지만, 동시에 국가가 통제하는 '국가대표' 중심의 질서를 위협할 수도 있었기 때문이다. 결국 국가는 이 길들여지지 않은 '이례 현상'을 자신들의 서사 안으로 끌어들이려 했다.

딥시크의 R1 모델이 세계적인 주목을 받은 이후, 중국 당국은 차세대 R2 모델을 개발할 때 반드시 국산 하드웨어를 사용하라는 강력한 압박을 가했다. 그들이 지목한 칩은 바로 중국 기술 자립의 상징, 화웨이의 어센드 910C였다. 이는 딥시크에게는 단순한 기술적 선택의 문제를 넘어선 정치적 시험대였다. 그리고 중국이 미국의 제재에 맞서 구축하려던 자립형 기술 생태계, 소위 'B+ 생태계'가 과연 최첨단 AI 개발이라는 거친 파도를 견뎌 낼지를 가늠하는 첫 번째 실전 테스트이기도 했다.

결과는 처참한 실패였다. 딥시크는 몇 달에 걸쳐 화웨이의 어센드 칩으로 R2 모델을 훈련시키려 했지만, 단 한 번의 완전한 훈련도 성공하지 못했다. 화웨이는 문제 해결을 위해 자사의 최고 엔지니어들로 팀을 구성해 딥시크 사무실에 상주시키기까지 했지만, 기술적 장벽은 넘어설 수 없었다. 문제는 복합적이었다.

첫째, 칩의 불안정성이 심각했다. 수천 개의 칩을 동원해 몇 주간 지속해야 하는 대규모 훈련 과정에서 어센드 칩은 빈번하게 과열되거나 오작동을 일으키며 멈춰 섰다. 대규모 언어 모델 훈련은 수많은 칩이 하나의 오케스트라처럼 정교하게 협업해야 하는 작업이다. 단 하나의 칩이라도 문제를 일으키면 수백만 달러의 비용이 들어간 훈련 전체가 수포로 돌아갈 수 있다.

둘째, 칩 간 연결 속도가 발목을 잡았다. 칩과 칩 사이의 데이터 전송 속도는 엔비디아의 NVLink 기술에 비해 '빙하의 움직임처럼 느린' 수준이어서, 전체 시스템의 효율성을 심각하게 저하시켰다. 이는 마치 수많은 천재가 모여 온라인 회의를 하는데, 통신망이 너무 느려 제대로 된 토론이 불가능한 상황과 같았다.

셋째, 소프트웨어 생태계의 성숙도가 매우 낮았다. 이것이 가장 근본적인 문제였다. 엔비디아의 CUDA 플랫폼은 지난 15년 이상 전 세계 개발자들과 함께 쌓아 올린 안정성과 방대한 라이브러리, 편리한 개발 도구를 갖춘 거대한 성채와 같다. 반면 화웨이의 소프트웨어 스택인 CANN과 마인드스포어는 이제 막 걸음마를 뗀 수준이었다. 엔

표 9-1. 엔비디아 vs. GPU 특징 비교

항목	엔비디아	화웨이
하드웨어 안정성	수십 년간 검증된 안정성, 대규모 클러스터에서 신뢰성 확보	대규모 훈련 시 잦은 오작동 및 과열로 인한 훈련 중단
칩 간 연결 속도	초고속 NVLink 기술로 병목 현상 최소화	상대적으로 매우 느려 전체 시스템 효율 저하
소프트웨어 생태계	CUDA: 15년 이상 축적된 산업 표준, 방대한 라이브러리 및 개발자 커뮤니티	CANN/MindSpore: 미성숙 호환성 문제, 최적화 도구 부족

비디아 생태계에 맞춰 고도로 최적화된 딥시크의 코드는 화웨이 플랫폼과 호환되지 않았고, 이를 전환하는 작업은 고통스러울 뿐 아니라 비효율적이기까지 했다.

결국 딥시크는 백기를 들었다. 화웨이 칩을 사용한 훈련을 포기하고, 다시 자신들의 비축분인 엔비디아 GPU(미국의 수출 통제 이후 구매한 H20 등)로 돌아가 R2 모델 개발을 재개했다. 이 결정으로 R2 모델의 출시는 당초 계획했던 2025년 5월보다 몇 달이나 지연되었고, 그사이 알리바바의 '통이치엔원3' 같은 경쟁자들이 시장을 선점할 기회를 내주었다. 딥시크는 결국 화웨이 칩을 기술적 요구 수준이 낮은 '추론Inference' 용도로만 제한적으로 사용하기로 했다.

이 사건은 중국의 'B+ 생태계'가 마주한 한계를 가장 명확하게 노정한 사례가 되었다. 국가의 정치적 의지와 막대한 자본 투입만으로는, 수십 년간 축적된 기술적 노하우와 안정성, 그리고 견고한 소프트웨어 생태계를 단번에 대체할 수 없다는 냉정한 현실을 드러낸 것이다.

화려한 스펙을 자랑하는 칩을 설계하고 생산하는 것과, 그 칩 수천 개가 몇 주 동안 단 한 번의 오류도 없이 안정적으로 작동하며 복잡한 소프트웨어를 실행하도록 만드는 것 사이에는 거대한 간극이 존재했다. 중국은 그 간극을 아직 넘지 못했다.

강요된 혁신이 마주한 딜레마

딥시크를 둘러싼 일련의 사건들은 중국 인공지능 전략의 현재와 미래를 압축적으로 보여 준다. '백모대전'이라는 통제된 혼돈과 미국의 제재라는 외부적 압박 속에서, 중국의 기술 생태계는 '알고리즘 효율성'과 '비용 효율성'을 최우선으로 하는 새로운 인공지능 독트린을 탄생시켰다. 하드웨어가 열세라고 해도 소프트웨어 혁신만으로 세계 최고 수준에 도달할 수 있다는 가능성을 보여 준 딥시크는 바로 이 새로운 독트린의 상징이 되었다.

하지만 R2 모델의 개발 지연 사태는 그 독트린이 마주한 심각한 딜레마를 명확히 보여 준다. 영리한 엔지니어링은 어느 정도의 하드웨어 격차는 메울 수 있다. 그러나 근본적인 안정성과 신뢰성이라는 '최소 요건'을 충족하지 못하는 하드웨어 위에서는 어떤 소프트웨어 혁신도 꽃피울 수 없다는 것이다. 중국의 자립형 기술 생태계는 아직 그 문턱을 넘지 못했다. 이는 마치 뛰어난 건축가가 아무리 훌륭한 설계를 해도, 무너져 내리는 모래 위에는 집을 지을 수 없는 것과 같다.

결국 딥시크의 이야기는 중국 거대 전략의 강점과 약점을 동시에 드러내는 완벽한 축소판이다. 국가 주도의 신속한 자본 동원 능력과 거대한 내수 시장, 그리고 위기 속에서 대안을 찾아내는 놀라운 적응력이라는 강점. 그리고 그 이면에 존재하는 핵심 기술과 부품의 근원적 취약성이라는 약점. 이러한 딜레마는 더 많은 자본이나 더 강한 정치적 의지만으로 해결될 수 있는 문제가 아니다. 이는 오직 엔지니어링 기술과 실제 현장 경험을 쌓아가는, 지루하고 고통스러운 축적의 시간을 거쳐야만 극복될 수 있다.

중국은 국가가 주도하는 '강요된 혁신'을 통해 소프트웨어라는 나무를 키워 내는 데는 일부 성공했다. 그러나 그 나무가 뿌리내려야 할 하드웨어와 생태계라는 토양은 아직 척박하다. 이 근본적인 모순을 어떻게 해결할 것인가. 이것이 앞으로 몇 년간 중국의 기술 전략을 규정할 가장 중요한 질문이 될 것이다.

이제 우리는 중국의 기술 전략이 마주한 더 깊고 근원적인 약점, 그들의 '아킬레스건'을 들여다볼 차례다.

PART 3

숨길 수 없는 아킬레스건

빠른 속도로 피지컬 AI 강국이 된 중국,
하지만 그 이면에선 조용한 균열이 일고 있었다.

CHAPTER 10
흔들리는 거인

9장에서 우리는 극적인 한 편의 드라마를 봤다. 중국 AI 굴기를 상징하는 '백모대전'의 용광로 속에서 홀연히 나타나 세계를 놀라게 한 독립 영웅 딥시크의 이야기 말이다. 그러나 그 영웅 서사의 클라이맥스는 눈부신 성공이 아닌, 뼈아픈 실패였다. 이제 우리는 이 사건을 렌즈 삼아, 중국이라는 거인의 두 다리를 살펴봐야 한다. '몸체 구축 → 두뇌 설계 → 융합'이라는 장대한 3막 전략부터 '정부 주도의 벤처 투자' 모델에 이르기까지, 이 모든 화려함 뒤에 감춰진 아킬레스건을 들여다볼 때다.

영웅 서사의 이면

딥시크가 세계를 놀라게 한 R1 모델의 성공 이후, 차세대 모델 R2 개발에 착수했을 때 그들 앞에는 기술적 과제 이상의 문제가 놓여 있었다. 바로 정치적 의무였다. 미중 기술 전쟁이 격화되면서, 베이징은 딥시크와 같은 국가적 상징이 된 기업에게 미국에 대한 기술 의존에서 벗어나라는 강력한 압박을 가하기 시작했다. 그리고 그 시험대는 화웨이의 야심작인 국산 AI 칩, '어센드'였다. 중국 정부의 입장에서 R2 모델의 훈련을 엔비디아 칩이 아닌 화웨이 칩으로 수행하는 것은 단순한 부품 교체가 아니라, 기술 자립의 가능성을 증명해 보이기 위한 국가적 과제였다.

결과는 처참한 실패였다. 딥시크는 수개월에 걸쳐 R2 모델 훈련을 시도했지만, 단 한 번도 성공적으로 훈련을 마칠 수 없었다. 결국 딥시크는 고통스러운 결정을 내려야 했다. 화웨이 어센드 칩을 이용한 훈련을 포기하고, 저사양 GPU인 엔비디아 H20으로 되돌아간 것이다. 이 결정으로 R2 모델의 출시는 당초 계획했던 5월에서 상당 기간 지연되었고, 화웨이 칩은 모델 훈련이라는 핵심 임무 대신, 이미 훈련된 모델을 활용해 답을 생성하는 비교적 덜 까다로운 '추론' 작업에나 쓰이는 신세로 전락했다.

이 사건은 단순한 기술적 해프닝이 아니다. 온 세상의 관심이 AI의 '두뇌'에 해당하는 알고리즘 경쟁에 쏠려 있을 때, 정작 승패는 물리적인 기계실 안에서, 하드웨어의 근본적인 신뢰성 문제로 인해 판가름 나고 말았다. 그리고 이러한 실패를 통해 중국 정부와 기업들은 단지 칩의 연산 속도를 끌어올린다고 해서 모든 것이 해결되는 것은 아니라는 사실을 뼈저리게 깨달았다. 엔비디아의 진정한 힘은 칩 자체의 성능뿐만 아니라, 거의 20년간 축적된 CUDA라는 소프트웨어 생태계의 깊이와 안정성에서 나온다. 딥시크는 이미 엔비디아가 제공하는 개발 환경에 맞춰 모든 훈련을 진행해 왔기에, 소프트웨어 스택 전체를 들어내야 하는 '대수술'을 감당할 수 없었던 것이다.

이제 우리는 '몸체 구축 → 두뇌 설계 → 융합'이라는 장대한 3막 전략부터 '정부 주도의 벤처 투자' 모델에 이르기까지, 이 모든 화려함 뒤에 감춰진 거인의 아킬레스건을 들여다 봐야 한다..

70%라는 장벽과 신뢰성의 무게

피지컬 AI라는 거대한 담론을 이해하기 위해, 우리는 잠시 그 몸체인 로봇을 해부해 볼 필요가 있다. 산업용 로봇의 원가 구조를 들여다 보면 한 가지 놀라운 사실과 마주하게 된다. 그것은 바로, 로봇 한 대를 만드는 데 들어가는 원가의 약 70%를 단 세 가지 핵심 부품, 즉 정밀 감속기Precision Reducer · 서보 모터Servo Motor · 컨트롤러Controller가 차지하는 현실이다. 이는 로봇의 성능과 신뢰성을 결정하는 핵심 요소다. 바로 이 70% 비밀 속에 중국의 근원적인 딜레마가 숨어 있다.

첫째, 정밀 감속기는 로봇의 '정교한 힘'을 관장한다. 로봇에 장착된 전기 모터는 빠르게 회전하지만 힘, 즉 토크Torque [1]는 약하다. 감속기는 이 속도를 힘으로 교환하는 장치로, 모터의 회전 속도를 낮추는 대

---

1 물체를 회전시키는 힘의 크기를 나타내는 물리량으로, 로봇 관절의 힘과 정밀성을 나타내는 핵심 지표로 활용되고 있음.

가로 로봇 구동에 필요한 강력한 힘을 증폭시키고 정밀하게 제어할 수 있게 해 준다. 감속기의 이러한 역할 덕분에 로봇 팔을 이용해 자동차 프레임을 세심히 용접하고, 아주 작은 마이크로칩을 오차 없이 집을 수 있다. 수백만 번을 반복 사용해도 마이크로미터 단위의 오차도 허용하지 않는 정밀도를 유지하는 능력, 이것이 바로 감속기의 본질이다.

둘째, 서보 모터는 로봇의 '지능형 근육'이다. 단순히 전원을 켜면 돌아가는 일반 모터와 달리, 서보 모터는 자신의 정확한 위치, 속도, 힘을 컨트롤러에 끊임없이 보고하는 신경계를 갖추고 있다. 이 피드백 기능 덕분에 로봇은 무거운 강철 빔을 들어 올리는 데 필요한 힘과 섬세한 와인 잔을 깨뜨리지 않고 쥐는 데 필요한 힘의 차이를 구분할 수 있다.

셋째, 컨트롤러는 로봇의 '소뇌'다. AI라는 대뇌가 "A 지점의 부품을 B 지점으로 옮겨라."라는 추상적인 목표를 설정하면, 컨트롤러는 그 목표를 수행하기 위해 수십 개의 관절과 센서를 실시간으로 조율하는 복잡한 연산을 수행한다. 비유하자면, 모든 움직임을 질서 있게 통제하는 교향악단의 지휘자와도 같다.

이 부품들은 단순한 부속물이 아닌, '신뢰성'이라는 눈에 보이지 않는 개념을 물리적으로 표현한 것이다. 여기서 우리는 신뢰성을 측정하는 냉정한 공학적 지표 한 가지를 짚고 가야 한다. 바로 MTBF$^{\text{Mean Time Between Failures}}$(평균 고장 간격)다. MTBF는 어떤 부품이나 시스템이 고장 나기 전까지 평균적으로 작동하는 시간을 나타내는 척도다. MTBF가 길다는 것은 그만큼 신뢰성이 우수하다는 의미다.

 스마트 팩토리나 산업 자동화의 모든 가치는 바로 이 높은 수준(충분히 긴 시간)의 MTBF에서 비롯된다. 로봇이 수백만 번의 작동 주기 동안 고장 없이 움직여야만 경제적 가치가 발생하기 때문이다. MTBF가 짧다는 것은 고장이 잦다는 것을 의미한다. 잦은 고장은 생산 라인 전체의 중단, 유지 보수 비용 증가, 생산성 저하로 이어진다. 세 가지 핵심 부품 중 하나라도 고장 나면 로봇의 성능이 저하되는 것이 아니라, 로봇의 존재 이유 자체가 사라진다. 3장에서 본 '중국제조 2025'나 '로봇+' 응용 방안 같은 거대한 국가 전략의 성공 여부는 결국 이 작은 기계 부품들의 MTBF에 달려 있는 것이다.

일본과 독일이 쌓아 올린 아성

 중국의 딜레마는 로봇 제조 원가의 70%를 차지하며 세계 최고 수준의 MBTF를 보장하는 핵심 부품을 일본과 독일이 움켜쥐고 있다는 냉엄한 현실에서 시작된다. 정밀 기계공학의 세계는 수십 년간 소수의 기업이 지배해 온 견고한 성채와 같다. 이 성벽은 막대한 자본만으로는 넘을 수 없는, 깊이 있는 '기교'와 '공정 노하우 Process Knowledge'로 지어졌다.

 로봇 관절의 정교한 움직임을 가능하게 하는 정밀 감속기 시장의 지형도를 보면 이 현실이 명확히 드러난다. 대형 로봇에 주로 사용되는

RV 감속기 시장은 일본의 나브테스코Nabtesco가 약 60%를 장악하고 있다. 소형 로봇에 쓰이는 하모닉 감속기 시장 역시 일본의 하모닉 드라이브 시스템스Harmonic Drive Systems가 압도적인 기술 우위를 점하고 있다. 서보 모터와 컨트롤러 시장 역시 야스카와Yaskawa(세계 시장 점유율 약 25%), 미쓰비시Mitsubishi(약 20%), 화낙 같은 일본 기업과 지멘스Siemens 같은 독일 기업이 장악하고 있다.

중국 정부 역시 이 문제를 명확히 인지하고 있다. 2015년에 발표된 '중국제조 2025'와 이후의 14차 5개년 계획 등 국가 산업 정책의 핵심 목표 중 하나가 바로 로봇을 포함한 첨단 산업의 핵심 부품 국산화였다. '중국제조 2025'는 2025년까지 핵심 부품 및 소재의 국내 공급률을 70%까지 끌어올리겠다는 구체적인 목표를 제시하기도 했다. 이는 중국 지도부가 이러한 부품에 대한 과도한 의존도를 엄중히 바라보고 있다는 뜻이다.

하지만 이러한 중후장대한 성벽은 막대한 자금을 투하해도 단숨에 뛰어넘을 수 없는, 축적의 시간이 빚어낸 암묵지Tacit Knowledge의 총화總和다. 이는 크게 두 가지 축으로 구성된다. 하나는 극한의 스트레스를 견디는 특수 합금 제작에 필요한 '재료 과학'과 '초정밀 공학 기술'이다. 그리고 다른 하나는 수없이 많은 실패와 극복을 통해 완성한, 모든 부품이 완벽히 맞물려 돌아갈 수 있게 하는 '시스템 통합' 노하우다.

표 10-1은 이 분야에서 일본과 독일이 얼마나 높은 장벽을 쌓아올렸는지를 여실히 보여 준다.

표 10-1. 로봇 핵심 부품별 선진 업체 점유 현황

부품 유형	글로벌 시장 리더 및 점유율	주요 중국 도전자	중국 내수 시장 국산화율	기술 격차 평가
하모닉 감속기	하모닉 드라이브 시스템스(일본, 압도적 기술 우위)	리더드라이브 Leaderdrive	약 70%	중급 시장에서 격차 축소 중이나, 최고 정밀도/신뢰성/수명에서 여전히 상당한 격차 존재
RV 감속기	나브테스코 (일본, 약 60%)	저장 솽환 Zhejiang Shuanghuan	약 55%	매우 큰 기술 격차, 특히 중대형 고하중 로봇 분야에서 절대적 열세
서보 모터	야스카와(일본, 약 25%), 미쓰비시(일본, 약 20%), 화낙(일본), 지멘스(독일) 등	이노밴스 Inovance	약 55%	중저가 시장에서는 경쟁력을 확보했으나 고성능/고응답성/정밀 제어 분야에서 큰 격차

    이는 동시에 중국의 전략이 어디까지 성공했고, 어디서부터 한계에 부딪히고 있는지를 명확히 보여 준다. 국가의 전폭적인 지원과 거대한 내수 시장을 바탕으로 국산화율 자체는 꾸준히 상승하고 있다. 2019년 28%에 불과했던 산업용 로봇의 국산 브랜드 점유율은 2024년 51%까지 치솟았다. 하지만 이는 전체 로봇 완제품에 국한된 이야기일 뿐, 핵심 부품으로 시선을 옮겨 보면 이야기는 달라진다. 국산화율이 50~70% 수준에 도달했지만, 이는 주로 중저가 시장에 국한된 성과다. 가장 높은 정밀도와 신뢰성을 요구하는 프리미엄 부품 시장의 문턱은 여전히 일본과 독일의 거인들이 굳건히 지키고 있다.

추격자의 역설: '충분히 좋은 것'은 결코 좋지 않다

물론 중국도 이와 같은 약점을 모르는 것이 아니다. 리더드라이브나 이노밴스 같은 중국 기업들은 정부의 막대한 지원에 힘입어 자국 내 중저가 시장에서 점유율을 꾸준히 높여가고 있다. 중국의 산업 정책이 성과를 내고 있는 것은 분명하다. 그러나 바로 이 지점에서 '추격자의 역설' 혹은 '충분히 좋은 것의 함정 Good-enough Trap'이 발생한다. 한마디로, 그들은 성공하는 동시에 실패하고 있다.

국가의 지원과 거대한 내수 시장은 이들 기업이 시장의 80%를 차지하는 '평범한' 제품을 만드는 데까지는 성공적으로 이끌 수 있다. 하지만 세계 최고 수준의 품질을 확보해야 진입할 수 있는 나머지 20%의 시장, 즉 가장 높은 정밀도와 신뢰성을 요구하는 프리미엄 부품 시장의 문턱은 여전히 넘지 못하고 있다. 중국의 피지컬 AI 전략이 진정으로 세계를 선도하기 위해 필요한 것은 바로 이 마지막 20%의 영역이다.

이러한 딜레마는 딥시크가 R2 모델의 훈련에 실패했을 때 경험했던 딜레마와 본질적으로 동일하다. 미국의 제재에 맞서 중국이 꺼내 든 'B+ 생태계' 전략, 즉 통제 불가능한 세계 최고(A+) 기술 대신 통제 가능한 '충분히 좋은' 기술로 자립하겠다는 전략은 물리적 세계의 냉혹한 현실 앞에서 치명적인 결함을 드러낸다. 소프트웨어 세계에서 B+급 알고리즘은 A+급에 비해 정확도가 약간 떨어지거나 속도가 조금 느릴 뿐이다. 하지만 하드웨어 세계에서 B+급 부품은 MTBF가 A+급에 비해 상대적으로 짧다는 것을 의미한다.

이 차이는 시스템 전체로 확장될 때 기하급수적으로 증폭된다. 예를 들어, 신뢰도 99%인 B+급 부품이 있다고 가정하자. 99%는 꽤 괜찮은 수치처럼 보인다. 하지만 로봇 전체의 신뢰도는 개별 부품 신뢰도의 곱으로 계산된다. 로봇 한 대에 신뢰도가 99%인 부품 30개가 들어간다면, 로봇 전체의 신뢰도는 0.99^{30}이 되어 약 74%로 뚝 떨어진다. 수천 대의 로봇이 24시간 돌아가는 스마트 팩토리를 상상해 보자. 개별 부품의 신뢰도가 99%라도 해도 이것이 누적되면, 단 한 번의 고장 없이 특정 시간 동안 완벽하게 작동할 확률은 사실상 0에 수렴하게 된다. 이것이 바로 '충분히 좋은' 하드웨어가 스마트 팩토리에 궁극적으로 가져다주는 나비 효과다.

중국의 산업 육성 모델은 양적인 문제를 해결하는 과정에서는 타의 추종을 불허하는 경이로운 능력을 보여 준다. 국가가 일단 목표를 정하면, 이를 달성하기 위해 수단과 방법을 총동원한다. 이러한 모델 덕분에 중국 기업들은 저렴하고 '충분히 좋은' 부품을 대량 생산해 거대한 내수 시장을 장악할 수 있었다.

하지만 이와 같은 공식은 '질적' 목표를 달성해야 하는 상황에서는 오히려 독이 되고 있다. B+급 시장에서 안정적인 수익을 올리는 구조가 굳어지면서, 엄청난 시간과 비용, 그리고 실패의 위험을 감수해야 하는 A+급 기술 개발에 대한 유인이 줄어드는 것이다. 단 0.1%의 차이가 승패를 가르는 품질의 세계에서 '충분히 좋은' 것은 결코 '좋은' 것이 될 수 없다.

마지막 관문을 향한 경주: 낡은 기술을 정복할 것인가, 새로운 판을 짤 것인가?

결론적으로, 중국의 피지컬 AI 전략은 그 모든 전략적 탁월함과 경이로운 규모에도 불구하고, 근본적으로 하체가 부실한 거인과 같다. 핵심 부품에 대한 높은 수준의 해외 의존도는 일시적인 병목 현상이 아니라, 하향식 혁신 모델의 한계에서 비롯된 구조적 약점이다. 중국은 이러한 마지막 관문을 넘기 위한 경주를 시작했다. 그들 앞에는 두 갈래 길이 놓여 있다.

첫 번째 길은 '낡은 기술을 정복하는 것'이다. 이는 기존의 정밀 기계공학 분야에서 정면 돌파를 선택하는 길이다. 수십 년이 걸리더라도 인내심을 갖고 장인정신을 키우는 새로운 산업 문화를 육성하여 일본과 독일이 쌓아 올린 성벽을 기어이 넘어가는 전략이다. 이는 현재의 속도와 규모 중심 모델에 대한 근본적인 자기 성찰을 요구하는 고통스러운 길이 될 것이다.

두 번째 길은 '새로운 판을 짜는 것'이다. 기존의 '기교'를 시대착오적인 것으로 만들어 버리는 '뛰어넘기 Leapfrog' 전략이다. 이 길의 선두에는 소프트 로보틱스 Soft Robotics와 신소재 액추에이터 Novel Actuators 같은 차세대 기술이 있다. '소프트 로보틱스'란, 단단한 관절과 기어 대신 유연하고 변형 가능한 소재를 사용해 로봇을 만드는 분야다. 로봇의 적응성과 유연함은 복잡한 정밀 감속기가 아닌 소재 자체의 특성과 AI 기반 제어 기술에서 나온다. 아직 지배적인 강자가 없는 이 신생 분야는 중국이 기존의 기술 격차를 뛰어넘을 결정적 계기가 될 수 있다. 중국 연구진들은 이미 신소재를 이용한 새로운 방식의 액추에이터(로봇의 근육) 개발에서 주목할 만한 성과를 내고 있다. 이 기술들이 궤도에 오르는 그 순간부터, 나브테스코의 아성은 한순간에 와르르 무너져 내릴지도 모른다.

21세기 기술 패권 경쟁의 최종 승자가 누구인지는, 반도체 공장의 클린룸이나 AI '두뇌'를 훈련시키는 거대한 데이터센터에서 판가름 나지 않을 수도 있다. 어쩌면 승패는 시끄럽고, 정밀하며, 한 치의 오차도 용납하지 않는 기계공학의 세계에서 갈릴지도 모른다. 피지컬 AI의 시대에, 결국 최후의 발언권은 무자비한 물리 법칙이 지배하는 현실 세계가 갖게 될 것이기 때문이다.

CHAPTER 11
국가의 의지를 체화한 세대

아무리 강력한 엔진이라도 연료와 운전자가 없다면 한낱 고철 덩어리에 지나지 않는다. 그렇다면 중국이 피지컬 AI라는 하나의 목표를 향해 움직이고, 스스로를 개선하며, 미래를 향해 가속하게 만드는 진정한 동력은 무엇인가? 그 답은 기술이나 자본이 아닌, 바로 '사람'에 있다. 이번 장에서는 중국 전략의 근간, 즉 이 모든 것을 가능하게 하는 인재를 체계적으로 길러내는 '인적 자본 엔진'을 해부하고자 한다.

요람에서 시작된 거대한 설계:
AI 네이티브 세대의 조형

5장에서 우리는 중국이 '데이터 플라이휠', 즉 수많은 AI 모델을 현장에 배치하여 방대한 데이터를 수집하고, 이를 기반으로 AI 모델을 개선한 후 더 넓은 지역으로 확산하는 선순환 체계에 대해 자세히 살펴보았다.

중국은 이와 더불어 또 하나의 플라이휠을 돌리고 있다. 이는 데이터 플라이휠에 비해 회전 주기가 훨씬 길고 그 역할도 더욱 심대하다. 그것은 바로 '인적 자본 플라이휠'이다. 이 거대한 바퀴는 스스로의 힘으로 점점 더 빠르게 회전하는 선순환 구조로 설계되었다. 국가의 거대한 기술적 야망이 시장에 '막대한 경제적 보상'이라는 신호를 보내면, 그 보상은 다시 중국 최고의 인재들을 국가가 설계한 교육 파이프라인으로 강력하게 빨아들인다.

이 파이프라인을 통과한 인재들은 새로운 혁신을 이루어 내며 국가의 야망을 한 단계 더 높은 수준으로 끌어올린다. 국가의 비전, 시장의 보상, 개인의 열망이 하나의 거대한 고리로 연결되어 누구도 멈출 수 없는 가속도를 만들어 내는 것이다.

이번 장에서는 이 거대한 인적 자본 플라이휠이 어떻게 작동하는지 자세히 들여다볼 것이다. 모든 것이 시작되는 요람, 즉 유치원부터 고등학교까지 이어지는 국가적 AI 조기 교육 시스템을 살펴보고, 대학이 가진 두 개의 용광로가 어떻게 한편으로는 거대한 기술 군단을 '대량 생산'하고 다른 한편으로는 세계를 이끌 소수의 정예를 '담금질'하는지에 대해 분석할 것이다. 그리고 마지막으로 이 모든 것을 움직이는 강력한 사회경제적 힘과 그 이면에 드리운, 시스템의 지속 가능성 자체를 위협하는 거대한 그림자를 정면으로 마주하고자 한다. 이와 같은 인적 플라이휠이 정밀하게 설계된 터빈 엔진처럼 중국을 미래로 몰고 갈지, 아니면 통제 불능의 속도로 회전하다가 거대한 파열음을 내며 붕괴할게 만들지는 미지수다.

중국의 인재 육성 전략은 대학 캠퍼스에서 시작되지 않는다. 그것은 아이들이 처음으로 세상과 만나는 교실, 바로 유치원과 초등학교에서부터 시작된다. 중국이 2025년부터 전면적으로 시행하는 초중고(K-12) 과정의 AI 의무 교육은 단순한 교육 정책을 넘어, 앞으로 수십 년간 지속될 기술 패권 경쟁에서 근본적인 우위를 점하기 위한, 길고 집요한 사회 공학Social Engineering 프로젝트에 가깝다. 그 목표는 명확하다. 다음 세대 전체를 AI 기술에 익숙한 'AI 네이티브' 시민으로 키워, 미래 산업이 필요로 할 방대한 규모의 기술 친화적인 인력 기반을 미리 확보하겠다는 것이다.

이러한 구상의 씨앗은 이미 2017년 국무원이 발표한 '차세대 인공지능 발전 계획'을 통해 뿌려졌다. 이때부터 모든 학생을 대상으로 하는 '보편적 AI 교육'의 필요성이 구체적으로 다뤄지기 시작한 것이다. 2025년 5월 중국 교육부Ministry of Education, MOE가 발표한 세부 지침은 이 거대한 설계도가 얼마나 체계적으로 잘 짜여져 있는지를 명확히 보여 준다. 교육 과정은 학생들의 인지 발달 단계에 맞춰 정교하게 설계된 '계층적, 나선형' 구조를 따른다.

첫째, 초등학교 단계에서의 목표는 '인지적 계몽'과 '흥미 유발'이다. 이 시기의 아이들에게는 복잡한 코딩이나 수학 공식을 가르치지 않는다. 대신 음성 인식 스피커와 대화하고, 이미지 분류 앱으로 꽃의 종류를 알아보는 것과 같은 체험 중심의 활동을 통해 AI 기술과 친숙해지도록 만든다. 기술에 대한 막연한 두려움을 없애고 자연스러운 호기심을 심어 주기 위해서다.

둘째, 중학교 단계로 넘어가면 교육의 초점은 '기술적 원리'와 '논리'를 이해하는 것으로 전환된다. 학생들은 알고리즘이 작동하는 핵심 원리를 배우고, 머신 러닝Machine Learning이 어떤 과정을 통해 데이터에 숨어 있는 패턴을 학습하는지 탐구한다. 특히 주목할 점은, 이 단계에서 생성형 AI가 만들어 낸 결과물 속의 오류나 허위 정보를 비판적으로 식별하는 훈련을 받는다는 사실이다. 이는 AI를 맹목적으로 받아들이지 않고, 그것이 가진 한계와 위험을 이해하는 주체적인 사용자를 키우려는 의도를 보여 준다. 하지만 이러한 '비판적 사고' 교육은 양날의 검이다. 실용적인 측면에서는 AI의 한계를 이해하는 유능한 기술 인력을 양성하지만, 중국의 정치적 맥락 속에서는 국가가 규정한 '허위 정보'의 틀 안에서 사고하도록 길들이는 이념적 통제의 기능도 수행한다. 즉, 특정 기술이 내놓은 결과물에 대해서는 비판적인 시선으로 바라보되, 그 기술을 활용하는 국가의 숨은 의도에 대해서는 의심하지 않는 '허용되는 범위 안에서의' 비평 방법을 가르치는 셈이다.

셋째, 고등학교 단계에서는 마침내 '응용과 혁신'으로 나아간다. 학생들은 지금까지 익힌 내용을 바탕으로 간단한 AI 모델을 직접 설계하고 개선하는 프로젝트를 수행하며, 여러 학문을 넘나드는 시스템적 사고력을 함양하게 된다. 이 모든 교육 과정을 관통하는 것은 '책임감 있고 윤리적인 AI 사용'이라는 가치 교육이다. 물론 여기에는 개인 정보

보호와 같은 보편적인 개념이 포함되어 있지만, 동시에 국가가 승인한 가치 체계를 주입함으로써 미래의 기술 엘리트들이 공산당의 이념적 틀 안에서 활동하도록 만드는 기능도 수행한다.

이러한 K-12 AI 교육 시스템의 본질을 제대로 이해하기 위해서는, 이것을 단순한 교육 정책이 아니라 '선제적 산업 정책'으로 바라보아야 한다. 중국 지도부는 자국의 거대한 AI 야망이 필연적으로 엄청난 인재 부족 문제에 부딪힐 것임을 명확히 인지하고 있다. 서구 사회가 STEM(과학, 기술, 공학, 수학) 분야에 대한 학생들의 흥미 저하와 이공계 기피 현상으로 골머리를 앓는 것을 지켜보면서, 문제 자체가 발생하지 않도록 시스템의 가장 첫 번째 단계에서부터 개입하는 길을 택했다. 유치원과 초등학교 단계에서부터 다음 세대 전체의 흥미와 기술적 소양을 국가적 차원에서 조형하는 것이다. 이는 몇 그루의 튼튼한 나무를 심는 것이 아니라, 숲 전체의 토양을 비옥하게 만드는 것과 같다. 이 비옥한 토양 위에서 미래의 전문가들이 자랄 수 있는 거대한 인재 풀을 확보함으로써, 중국은 다가올 글로벌 인재 전쟁에서 누구도 따라올 수 없는 구조적 우위를 선점하려 하고 있다.

제국의 두 용광로

중국의 AI 인재 파이프라인은 대학 단계에 이르면 뚜렷하게 두 갈래로 나뉜다. 하나는 국가의 산업 기반을 떠받칠 거대한 기술 군단을 찍어 내는 '대량 생산 라인'이고, 다른 하나는 첨단 기술 지형의 최전선을 돌파할 소수의 핵심 인재를 육성하는 '정예군 훈련소'다. 이러한 이원적 접근 방식은 중국 고등 교육 시스템이 국가의 전략적 목표를 위해 얼마나 효율적으로 움직이는지를 보여 준다.

대량 생산 라인: AI 동원령

2018년, 중국 교육부는 AI를 컴퓨터 과학과는 별개의 독립된 전공으로 공식 지정했다. 그 즉시, 전국 대학가에는 거대한 폭풍우가 몰아쳤다. 처음 35개 대학에서 시작된 AI 학부 과정은 불과 몇 년 만에 626개가 넘는 대학으로 폭발적으로 증가했다. 이는 국가적 필요에 부응하기 위한 전면적인 동원령과 같았다. 이 거대한 확장의 목표는 단 하나, 피지컬 AI 혁명의 현장에서 즉시 투입될 수 있는 수십만 명의 엔지니어를 최대한 빠른 시간 안에 공급하는 것이었다.

하지만 이 경이로운 속도와 규모의 이면에는 심각한 우려가 존재한다. 수많은 교육 전문가가 걷잡을 수 없는 속도로 번질 '전공 인플레이션'을 벌써부터 걱정하고 있다. 수백 개의 대학, 심지어 일부 직업 전문 학교까지 충분한 교수진이나 연구 인프라, 그리고 우수한 학생을 확보하지 못한 채 서둘러 AI 학과를 개설했다는 비판이다. 이는 자칫 피상적인 지식만 갖춘 졸업생들을 양산하는 결과로 이어질 수 있기 때문이다. 한 전문가는 "AI 교육의 핵심은 컴퓨터 과학과 수학인데, 평범한 학생이 4년 안에 이 둘 중 하나라도 제대로 마스터하기는 어렵다."고 지적하며, 어설픈 융합 교육이 '모든 것을 알지만 제대로 아는 것은 하나도 없는' 결과를 낳을 수 있다고 경고했다.

그러나 이와 같은 '품질 저하'가 반드시 시스템의 실패를 의미하는 것은 아닐 수도 있다. 오히려 이는 중국 정부가 세심하게 그린 그림의 일부일 가능성도 있다. 중국의 거대한 피지컬 AI 전략은 세계 최고 수준의 연구자뿐만 아니라, 스마트 팩토리와 스마트 시티 운영의 기반이 될 인프라를 마련하고, 유지하고, 관리할 수 있는 방대한 규모의 기술 인력을 필요로 한다. AI 인재를 대량으로 생산하는 시스템은 바로 이러한 미래 수요를 충족하기 위한 것일 수 있다. 즉, 소수의 천재를 키우는 것이 아니라, 수많은 '쓸 만한' 기술자를 공급하는 것이 목표일 수도 있다는 뜻이다. 이는 8장에서 분석한, 최고급 A+급 기술에만 의존하는 대신 방대한 B+급 기술 생태계를 구축하는 전략이 하드웨어뿐만 아니라 인적 자본 영역에서도 동일하게 적용되고 있음을 시사한다.

AI 산업을 위한 정예군 훈련소, '야오반'

중국은 대규모 군단을 양성하는 동시에, 전쟁의 승패를 결정지을 최정예 특수 부대를 키우는 일에 훨씬 더 공을 들이고 있다. 그리고 특수 부대 훈련의 정점에 바로 칭화대학교의 '컴퓨터 과학 실험반', 통칭 '야오반'이 있다.

2005년, 세계적인 컴퓨터 과학자이자 중국인 최초의 튜링상 수상자인 앤드루 야오Andrew Yao가 설립한 이 프로그램은 MIT나 스탠퍼드와 동등하거나 그 이상의 경쟁력을 갖춘 세계 최정상급 인재를 키우겠다는 목표로부터 출발했다. 야오는 프린스턴대학의 종신 교수직을 내려놓고 중국으로 돌아와 이 프로그램을 만들었다. 이는 국가의 부름에 응답한 과학자의 애국적 결단으로 널리 알려져 있다. 야오반의 교육 모델은 중국 대학 교육의 기존 틀을 크게 벗어난다. 매년 중국 전역에서 가장 똑똑한 학생들을 소수정예로 선발해, 앤드루 야오가 직접 MIT, 스탠퍼드, 프린스턴의 커리큘럼을 바탕으로 설계한 교육 과정을 이수하게 한다. 모든 전공 수업은 영어로 진행되며, 컴퓨터 과학, 인공지능, 양자 정보라는 세 가지 최첨단 전문 트랙을 제공한다.

이 프로그램의 진정한 힘과 가치는 그 졸업생들이 이뤄 낸 성과에서 드러난다. 야오반은 단순한 엘리트 교육 과정을 넘어, 중국 AI 산업의 미래를 이끌어 갈 창업가를 배출하는 '유니콘 보육 시설 Unicorn Nursery'이 되었다.

- **메그비** 야오반 동기생인 인치 Yin Qi, 탕원빈 Tang Wenbin, 양무 Yang Mu가 2011년 설립한 이 회사는 세계적인 컴퓨터 비전 기술 기업으로 성장했다.

- **포니닷에이아이** 자율주행 기술 분야의 선두주자 중 하나인 이 회사 역시 야오반 출신들이 핵심 역할을 담당하고 있다. 공동 창업자이자 CTO인 러우텐청 Lou Tiancheng은 칭화대에서 박사 학위를 받았고, 베이징 R&D 센터를 총괄하는 장닝 Zhang Ning 부사장은 야오반 1기 출신이다.

- **문샷 AI** Moonshot AI, 月之暗面 중국판 챗GPT로 불리는 '키미 Kimi' 챗봇을 개발해 세상을 놀라게 한 이 회사는 칭화대 학부와 카네기멜론대 박사

출신인 양즈린Yang Zhilin이 설립했다. 그는 Transformer-XL, XLNet과 같은 영향력 있는 모델을 공동 개발한 인물로, 야오반이 길러 내고자 하는 최고 수준의 인재상을 대표한다.

이 외에도 타이치 그래픽스Taichi Graphics와 같은 기술 스타트업을 창업하거나, 스탠퍼드와 프린스턴 같은 세계 최고 대학의 교수로 임용되는 등 야오반 졸업생들은 산업계와 학계를 아우르며 중국 기술 생태계의 핵심 리더 그룹을 형성하고 있다. 예컨대, 2025년 7월 비공식적인 채널로 유출된 정보에 따르면 메타Meta의 AI 드림팀에 속한 44인 중에

표 11-1. 중국의 AI 인적 자본 파이프라인

단계		목표	주요 방식	의도된 결과
K-12	초등	인지적 계몽 및 흥미 유발	체험 학습, 스마트 기기 상호작용, 기본 개념(음성/이미지 인식) 소개	AI 네이티브 세대, 기초 소양과 호기심 함양
	중등	기술적 논리 및 비판적 사고	알고리즘 이해, 머신러닝 과정 탐구, AI 생성 허위 정보 식별	AI를 비판적으로 이해하는 기술 인식 능력
	고등	응용 혁신 및 시스템적 사고	간단한 AI 모델 설계 및 개선, 융합 프로젝트	기초 실무 역량을 갖춘 대학 예비 인력 풀
대학	대량 생산	산업 노동력 공급	600개 이상 대학에 AI 전공 신설, 응용 기술 중심 교육	산업 기반을 위한 대규모 AI 엔지니어 군단
	정예 육성	리더십 및 돌파 혁신 (예: 야오반)	세계 최고 수준 커리큘럼, 소수 정예 교육, 연구 중심, 창업 장려	세계적 수준의 혁신가, 창업가, 학계 리더 그룹

서 21명이 중국인이며 8명이 칭화대 출신이었다.

    이러한 대량 생산과 정예 육성이라는 이원적 시스템은 마치 중국 역사 속 '과거' 제도를 현대적으로 재해석한 것처럼 보인다. 전국의 수많은 대학에서 쏟아져 나오는 AI 전공자들이 과거 시험에 응시하던 방대한 유생 집단이라면, 야오반은 그중에서 가장 뛰어난 소수만이 합격해 국가의 최고위 관직에 오르던 '진사進士' 집단과 같다. 과거 제도가 제국의 통치를 뒷받침할 유능한 관료를 선발하고 귀족 세력을 견제하는 시스템이었듯, 오늘날의 AI 인재 파이프라인은 국가의 기술적 운명을 이끌어 갈 새로운 '기술 관료Technocrat' 계급을 육성하는 시스템으로 기능하고 있다. 이 시스템의 목표는 단순히 기술자를 키우는 것을 넘어, 개인의 성공이 국가의 전략적 비전 달성과 완벽하게 일치하는 새로운 엘리트 계층을 창조하는 것이다.

황금 둥지 속 영광의 대가:
보상, 소진, 그리고 지속가능성의 딜레마

    중국의 인적 자본 플라이휠을 돌리는 강력한 에너지는 과연 어디에서 올까? 그것은 국가가 설계한 정교한 보상 체계, 즉 '황금의 유혹'에서 나온다. 하지만 이 눈부신 황금빛 이면에는 시스템의 지속 가능성 자체를 위협하는 어두운 그림자가 존재한다.

부와 명예라는 거부할 수 없는 유혹

중국의 젊은 인재들이 AI 분야로 몰려드는 이유는 지극히 합리적이다. 국가가 그 길 끝에 엄청난 부와 사회적 명예를 제공하기 때문이다. 첫째, 경제적 보상 규모는 가히 압도적이다. AI 엔지니어링은 금융을 제치고 공식적으로 중국에서 가장 높은 연봉을 받는 직업군이 되었다. 베이징이나 상하이 같은 기술 허브에서 AI 전문가의 연봉은 연간 36만 위안에서 100만 위안(약 7,000만 원 ~ 1억 9,000만 원)에 달하며, 이는 서방 선진국과 비교해도 결코 밀리지 않는 수준이다. 바이두, 알리바바, 텐센트, 화웨이 등 이른바 'BATH Baidu, Alibaba, Tencent, Huawei'와 같은 기술 거인들이 벌이는 치열한 인재 확보 경쟁은 이러한 고액 연봉 구조를 더욱 공고히 하고 있다.

둘째, 사회적 보상은 경제적 보상만큼이나 강력하다. 현대 중국의 서사 속에서 엔지니어는 단순한 직업인이 아니라, '중화민족의 위대한 부흥'이라는 국가적 과업을 실현하는 영웅으로 그려진다. 그들의 연구 개발 실적은 개인의 성취를 넘어 애국적 행위로 포장된다. 이처럼 국가의 전략적 목표, 기업의 성장 동력, 그리고 개인의 부와 명예에 대한 열망이 'AI 기술 발전'이라는 단 하나의 지향점 아래에 완벽하게 정렬되어 있다는 점이야말로 중국 인재 전략의 가장 무서운 점이다. 서구의 많은 최고 인재가 단기 수익성 높은 금융이나 법률 분야로 향하는 것과 달리, 중국의 엘리트들은 국가의 장기적 비전과 일치하는 기술 분야로 집중되고 있다.

영혼을 갉아먹는 무한 경쟁의 이면

하지만 이러한 황금 둥지는 그 안으로 들어온 이들에게 혹독한 대가를 요구한다. 그 첫 번째 대가는 바로 '996'으로 상징되는 극단적인 노동 문화다. '아침 9시부터 밤 9시까지, 주 6일 근무'를 의미하는 '996' 문화는 2021년 8월 최고인민법원에 의해 불법으로 규정되었음에도, 여전히 많은 기술 기업, 특히 스타트업에서 사실상의 표준으로 작용하고 있다. 물론 대중의 비판과 정부의 압력으로 바이트댄스와 같은 일부 대기업이 공식적으로 '996' 문화를 폐지하는 움직임도 있지만, 그 뿌리는 여전히 깊다.

두 번째 대가는 '내권內卷'이라는, 영혼을 갉아먹는 무한 경쟁이다. 내권은 성과 향상에 기여하지 않는, 소모적이고 비생산적인 내부 경쟁을 의미한다. 모두가 야근을 하니 나도 의미 없이 자리를 지켜야 하고, 남들이 다 하니 나도 불필요한 보고서를 만들어야 하는 상황. 이는 국가가 의도적으로 촉발한 극심한 경쟁 환경의 필연적인 부산물이다.

여기서 중국 모델의 근본적인 모순이 드러난다. 국가는 기술 발전을 가속하기 위해 의도적으로 경쟁의 불을 지핀다. 예를 들어, 9장에서 살펴보았듯, 수백 개의 대규모 언어 모델이 난립하는 '백모대전' 현상은 정부가 다양한 모델의 경쟁을 통해 최강자를 가려내려는 의도적 정책의 결과다. 이는 기술 발전을 위한 극단적인 내권을 조장하는 행위다.

그런데 이제 와서 바로 그 국가가 내권의 사회적 폐해를 우려하며 이를 억제하려는 움직임을 보이고 있다. 이는 마치 불을 지른 방화범이 소방관 행세를 하는 것과 같다. 국가 주도의 가속 성장과 사회적 안정 유지라는 두 가지 목표 사이의 아슬아슬한 줄타기이며, 국가가 자신이 촉발한 경쟁의 부정적 결과를 온전히 통제하지 못하고 있음을 보여 주는 증거이기도 하다.

보이지 않는 아킬레스건

이러한 극심한 압박은 시스템의 토대를 흔드는 균열을 만들어 내고 있다. 어린 시절부터 '가오카오高考'라는 지옥 같은 입시 경쟁을 통과하고, 대학에 가서는 치열한 학점 경쟁을 거쳐, 마침내 입사한 회사에서는 '996'과 내권의 굴레에 갇히는 삶. 이 끝없는 경쟁의 컨베이어 벨트는 수많은 젊은이를 번아웃과 정신 건강의 위기로 내몰고 있다.

여러 학술 연구가 이러한 부작용을 뒷받침한다. 연구에 따르면 중국의 대학생과 첨단 기술 분야 종사자들은 극심한 경쟁 환경으로 인해 상당한 스트레스와 정신적 압박을 겪고 있으며, 이는 과도한 스마트폰 사용이나 인터넷 게임 중독과 같은 문제를 야기하기도 한다. 아시아 직장인들의 정신 건강에 대한 한 조사 결과에 따르면, 중국 직장인의 34%가 불안감을, 33%가 우울감을 느끼는 것으로 나타났다. 또 다른 연구에서는 중국 제조업 노동자의 55.8%가 직무 소진(번아웃) 징후를 보였고, 15.7%가 우울 증상을 보였다. 이러한 수치들은 고압적인 노동 환경이 개인의 정신 건강에 심각한 악영향을 끼치고 있음을 보여 준다.

이는 시스템의 지속 가능성에 대한 근본적인 의문을 제기한다. 개인의 번아웃을 연료 삼아 작동하는 시스템이 과연 기나긴 시간을 필요로 하는 혁신을 제대로 견인할 수 있을까? 극심한 압박은 오히려 창의성을 억누르고, '탕핑躺平 2'으로 대표되는 소극적 저항을 확산시키며, 유능한 인재들을 해외로 대거 빠져나가게 한다. 그저 정해진 길 위에서 남보다 빨리 달리는 것만으로는 혁신을 이뤄 낼 수 없다. 누구도가 보지 않는 길을 찾아내려는 '호기심'과 실패하더라도 용인되리라는 믿음, 즉 '심리적 안전감Psychological Safety'이 반드시 뒷받침되어야 한다. '996'과 내권의 문화는 바로 이러한 혁신의 근원적 동력을 고갈시킨다. '황금의 유혹'은 최고의 인재들을 끌어들이는 강력한 유인책인 동시에, 그들의 창의성과 인간성을 소진시켜 버리는 위험한 덫일 수 있다.

국가의 의지를 체화한 세대, 그들의 명과 암

결론적으로, 우리가 목격하고 있는 중국의 새로운 기술자 세대는 단순히 뛰어난 개인들의 집합이 아니다. 유치원부터 시작해 수십 년에 걸쳐 이어진, 국가의 의지가 담긴 거대한 설계 프로젝트의 산물이다. 그들의 개인적 야망은 국가의 전략적 목표와 한 치의 오차 없이 맞

---

2 '드러눕는다'는 뜻으로, 극심한 경쟁 대신 최소한의 노력으로만 살아가려는 중국 젊은 세대의 태도를 일컫는 신조어.

물리도록 정교하게 조율되었다. 이들은 국가의 의지를 자신의 몸으로 구현해 내는 새로운 '기술 관료 계급'이다.

이 장의 서두에서 소개했던 '인적 자본 플라이휠'은 이 모든 과정을 압축적으로 설명한다. 국가가 제시한 비전이 시장의 보상을 낳고, 그 보상이 최고의 인재를 끌어들여, 그 인재들이 다시 국가의 비전을 실현하는 자기 강화적 순환 고리. 이것은 의심할 여지없이 글로벌 기술 경쟁에서 무시무시한 힘을 발휘하고 있다.

하지만 이 거대한 서사는 하나의 풀리지 않는 의문을 남긴다. 이 시스템이 가진 가장 큰 강점, 즉 모든 자원을 하나의 목표로 동원하는 능력은 동시에 가장 치명적인 약점일 수 있다. 극단적인 압박과 인간적 희생에 기반한 이 모델은 과연 지속 가능한가? 10장에서 우리는 핵심 부품의 해외 의존이라는 중국의 기술적 '아킬레스건'을 살펴보았다. 어쩌면 인적 자본 시스템에 내재되어 있는 불안정성이야말로, 눈에 보이지 않는 또 다른 종류의, 그리고 어쩌면 더 치명적인 아킬레스건으로 작용하게 될지도 모른다.

CHAPTER 12
게임의 규칙이 바뀌었다

중국은 지난 40년간 '세계의 공장'을 자처하고 제 몫을 다해 왔다. 그것이 가능했던 이유는 값싼 노동력 덕분이었다. 하지만 2015년 중국은 '중국제조 2025'를 발표하며 로봇과 AI 같은 첨단 기술 중심의 '제조 강국'으로 도약하겠다고 선언했다. 중국은 왜 스스로 자신의 역할을 내려놓았을까. 그리고 어떤 이유로 전 세계 모든 국가에 '자동화'라는 피할 수 없는 숙제를 강요하며 글로벌 공급망을 근본적으로 재편하고 있는 것일까?

'메이드 인 차이나'의 종말

지난 40년간 세계 경제는 거대한 엔진이 뿜어내는 힘에 의지해서 앞으로 나아갔다. 그 힘을 상징하는 것은, 바로 중국의 어느 항구를 떠나 망망대해로 나아가는 거대한 컨테이너선船이었다. 그 배에는 전 세계의 공장 역할을 자처한 중국이 만들어 낸 거의 모든 것이 실려 있었다. 이 거대한 흐름을 가능하게 한 법칙은 놀라울 정도로 단순하고 강력했다. 바로 '노동비용 차익거래'라는 이름의 경제 중력이었다. 이는 인건비가 저렴한 국가로 생산 기지를 이전함으로써 비용 차이만큼의 이익을 얻기 위한 경영 전략이다. 노동비용 차익거래는 지난 반세기 동안 제조업계에서 상식으로 통했고, 중국은 최대 수혜자였다.

하지만 이제 값싼 노동력으로 승부를 보는 시대는 끝났다. 그리고 그 자리를 이른바 '자동화 강요Automation Imperative'라는 새로운 패러다임이 채우기 시작했다. 자동화 강요란, 원가 경쟁에서 뒤처지지 않기 위해 업무 자동화 수준을 높일 수밖에 없게 만드는 압력을 의미한다. 이러한 판도 변화는 중국이 인위적으로 만들어 낸 '새로운 현실'이다. 다시 말해 이 책에서 우리가 지금까지 추적해 온, 중국 정부가 지난 10년간 치밀하게 설계하고 실천한 피지컬 AI 전략의 결과물이다. 몸체(로봇)를 만들고 머리(AI)를 연결한 뒤, 양과 질 그리고 속도 측면에서 타의 추종을 불허할 정도의 수준으로 세상의 작동 원리(데이터)를 가르친 결과다.

이번 장에서는 중국의 내부적 대전환이 어떻게 노동비용 차익거래 시대를 종식시키고, 전 세계 모든 국가에 '자동화'라는 피할 수 없는 숙제를 강요하며 글로벌 공급망을 근본적으로 재편하고 있는지에 대해 분석할 것이다. 나아가 이와 같은 변화가 어떻게 '제2의 차이나 쇼크'를 유발하고, 결국 세계를 두 개의 비호환 기술 생태계로 갈라놓고 있는지 그 거대한 흐름을 따라가 볼 것이다. 우리가 알던 세상은 이미 역사의 뒤안길로 사라졌다. 오직 새로운 게임의 규칙을 이해하는 자만이 다가올 미래의 승자가 될 수 있다.

중국은 왜 스스로 낡은 게임판을 뒤엎었나

지난 수십 년간 '메이드 인 차이나'라는 라벨 뒤에는 값싼 노동력이라는 그림자가 항상 따라다녔다. 하지만 이제 그 공식은 깨졌다. '노동비용 차익거래'라는 낡은 패러다임이 해체되고 있는 것이다. 그 원인은 단순한 시장의 힘이 아니라, 중국 내부에서 시작된 국가 주도의 전략적 대전환에서 찾아볼 수 있다.

여기에는 두 가지 동인이 복합적으로 작용했다. 하나는 내부적 필요성이고, 다른 하나는 외부를 향한 야망이다. 첫째, 수십 년간 성장의 동력이었던 인해 전술은 이제 인구 절벽이라는 현실로 바뀌었다. 일할 사람은 줄고 인건비는 가파르게 상승하면서, 더 이상 값싼 노동력에 의존할 수 없게 되었다. 둘째, 외부를 향한 야망이다. 중국은 이러한 위기를 수동적으로 받아들이지 않고, 오래전부터 계획해 온 공격적인 전략을 통한 '체질 개선'으로 돌파하려 했다. 2015년 발표된 '중국제조 2025'는 저렴한 인건비를 토대로 하는 '세계의 공장'에서 로봇과 AI 같은 첨단 기술을 중심축으로 하는 '제조 강국'으로 도약하겠다는 국가적 선언이었다.

이것이 자연발생적인 흐름이 아닌, 국가적 의지가 만들어 낸 인위적인 가속이라는 증거는 명확하다. 국제로봇연맹의 2024년 보고서에 따르면, 2023년 중국의 로봇 밀도(노동자 1만 명당 로봇 수)는 470대에 도달하며 전통적인 제조업 강국인 독일(429대)과 일본(419대)을 단숨에 넘어섰다. 2019년만 해도 세계 10위권 밖에 있었던 것을 감안하면

경이로운 속도다.

하지만 진짜 '스모킹 건'은 따로 있다. 일반적인 경제 논리에 따르면, 임금이 높은 나라일수록 노동자를 로봇으로 대체할 유인이 크다. 그런데 미국의 정보기술혁신재단Information Technology and Innovation Foundation, ITIF이 각국의 임금 수준을 고려하여 로봇 도입률을 분석한 결과는 충격적이다. 중국의 실제 로봇 도입률은 현재의 임금 수준을 바탕으로 계산한 값보다 무려 12배나 높았다. 이는 일반적인 시장 작동 원리만으로는 도저히 설명할 수 없는 현상이다.

여기서 우리는 중국 전략의 진면목을 엿볼 수 있다. 중국은 단순히 자국의 임금 상승이라는 문제에 '대응'하고 있는 것이 아니라, '노동비용 차익거래'라는 글로벌 게임의 규칙 자체를 '의도적으로 폐기'하고 있는 것이다.

중국의 평균 임금이 오르면 생산기지는 자연스럽게 베트남이나 멕시코 같은 다음 주자에게로 넘어가야 한다. 하지만 중국은 산업이 국경을 넘어가는 것을 좌시하지 않고, 국가 보조금을 쏟아부어 기술적 대수술을 감행했다. 이제 국제 제조업 경쟁의 핵심 질문은 '어느 나라의 노동력이 더 저렴한가?'가 아니라, '어느 나라의 로봇이 더 효율적인가?'가 되었다. 이것은 단순한 경제적 변화가 아닌, 지정학적 선전포고에 가깝다. 중국은 자신들이 이미 압도적인 우위를 점하고 있는 영역에서 새로운 게임의 판을 짜고, 전 세계를 그 판 위로 끌어들이고 있는 것이다.

자동화할 것인가, 도태될 것인가

중국이 촉발한 제조업 패러다임의 전환은 국경을 넘어 전 세계 모든 국가에 하나의 거대한 질문을 던지고 있다. 바로 '자동화할 것인가, 아니면 도태될 것인가?'이다. 중국의 초효율 자동화 생산 시스템은 글로벌 제조업의 새로운 원가 기준선을 설정했고, 이는 다른 모든 나라에 '자동화 강요'라는 피할 수 없는 압력으로 작용하고 있다.

이러한 압력은 특히 개발도상국에 심각한 딜레마를 안겨 준다. 베트남은 '차이나 플러스 원 China Plus One [3]' 전략의 최대 수혜국으로 꼽힌다. 중국보다 무려 50~70% 저렴한 인건비를 무기로 투자를 유치해 왔다. 하지만 중국의 거대한 자동화 공장과 경쟁해야 하는 상황에서는, 인건비만으로는 더 이상 차별화할 수 없다. 베트남은 여전히 핵심 부품을 중국 공급망에 의존하는 '수입 의존적 수출국'이며, 중국처럼 대규모 자동화에 투자할 자본도, 기술도 부족하다. 맥킨지 보고서는 베트남의 자동화 투자가 자본 비용 대비 인건비 절감 효과가 크지 않아 경제성을 확보하기 어렵다고 지적한다.

미국으로의 접근성 덕분에 니어쇼어링 Nearshoring [4]의 중심지로 떠오른 멕시코 역시 비슷한 문제에 직면해 있다. 멕시코는 AI, 데이터 분석, 자동화 분야에서 심각한 인재난을 겪고 있다. 멕시코 언론의 보도

---

[3] 중국에 집중된 생산 기지를 다변화하여, 지정학적 리스크를 분산시키는 경영 전략.
[4] 생산 기지를 인건비가 저렴한 먼 국가가 아닌, 지리적으로 인접한 국가로 이전하는 전략.

에 따르면 약 200만 명의 엔지니어가 부족하다는 추산까지 나온다. 결국 이들 국가는 본격적인 산업화를 이루기도 전에 성장이 멈추는 '조기 탈산업화Premature Deindustrialization'라는 덫에 걸릴 위험에 처했다. 그들이 필사적으로 기어오르려던 경제 발전의 사다리가 중국에 의해 걷어차인 셈이다.

이러한 압력을 받는 것은 선진국도 예외가 아니다. 독일의 '인더스트리 4.0', 일본의 '소사이어티 5.0', 그리고 미국의 '매뉴팩처링 USA' 같은 선진국들의 첨단 제조업 전략은, 의식했든 의식하지 않았든 중국이 만들어 낸 새로운 경쟁 환경에 대한 필사적 대응의 일환이다.

독일의 '인더스트리 4.0'은 2011년 처음 제시되어 제조업의 디지털 전환을 목표로 했지만, 중국의 부상 이후 자국 제조업의 리더십을 지키기 위한 방어적 성격이 더욱 강해졌다. 일본의 '소사이어티 5.0'은 고령화와 노동인구 감소라는, 중국과 동일한 내부 문제를 자동화 기술로써 타개하고자 하는 국가적 비전이다. 미국의 '매뉴팩처링 USA'는 중국에 대한 과도한 의존이 낳은 공급망 취약성을 해결하고 국가 안보를 강화하려는 목표를 분명히 하고 있다. 전 세계의 많은 나라가 부지불식간에 '로봇 군비 경쟁'에 돌입하게 된 셈이다.

이러한 현상의 본질을 파고들다 보면, 중국이 자국의 인구 문제를 해결하는 과정에서 전 세계에 일종의 '자동화 관세'를 부과했다는 결론에 이르게 된다. 이제 중국의 새로운 원가 구조와 경쟁하려면, 모든 국가가 원하든 원치 않든 막대한 자본을 자동화에 쏟아부어야만 한다. 이는 세계 경제의 지형을 근본적으로 바꾸고 있다.

제2의 차이나 쇼크

중국의 국가자본주의, 즉 국가가 이윤 극대화를 목표로 시장에 적극적으로 개입하고 생산 수단을 통제하는 경제 체제는 필연적으로 '과잉 생산'을 유발한다. 그리고 필요 이상으로 생산된 재화가 전 세계 시장으로 밀려들면서, 과거와는 전혀 다른 성격의 '제2의 차이나 쇼크'를 안겨 주고 있다. 2000년대의 첫 번째 쇼크가 값싼 노동력으로 경쟁국의 산업과 일자리를 파괴한 사건이었다면, 두 번째 쇼크는 피지컬 AI 기반의 생산 자동화와 국가 보조금이 만들어 낸 상품의 홍수, 그리고 그로 인한 전 지구적 디플레이션 압력과 기존 산업 생태계의 붕괴 위협이다.

표 12-1. 제1차 vs. 제2차 차이나 쇼크 비교

구분	제1차 차이나 쇼크(2000년대 초반)	제2차 차이나 쇼크(2020년대 ~)
핵심 동인	노동비용 차익거래(저임금 노동력)	자동화 및 국가 보조금 기반 과잉 생산
주요 산업	섬유, 가구, 저가 전자제품	전기차, 배터리, 태양광, 로봇, 첨단 기계
글로벌 영향	선진국 저숙련 제조업 일자리 감소	글로벌 디플레이션 압력, 전 세계 기업 수익성 악화, '자동화 강요'
지정학적 반응	WTO 가입 등 자유무역 체제 편입	관세, 디리스킹, 기술 분절화, 산업 정책 부활

국가의 지원을 받는 기업들은 손실을 감수하고도 생산을 멈추지 않으며, 이는 시장의 자정 능력을 마비시키고 만다. 그 증거는 이미 곳곳에서 나타나고 있다. 중국의 전체 산업 설비 가동률은 2025년 2분기 기준 74.0% 수준에 불과하다. 이는 생산 설비 네 대 중 한 대는 놀고 있다는 의미다. 특히 자동차(50%), 비금속 광물 제품(62.3%) 등 일부 산업의 가동률은 더욱 심각한 수준이다.

필요 이상의 물량을 생산하는 대표적인 사례로는 자동차 산업을 들 수 있다. 국제에너지기구International Energy Agency, IEA의 2025년 보고서는 중국 전기차 산업의 과잉 생산 실태를 명확히 보여 준다. 2024년 중국은 1,290만 대의 전기차를 생산했는데, 이는 같은 기간의 전 세계 생산량(1,730만 대)의 70%에 달하는 압도적인 수치다. 그러나 같은 해 중국 내수 판매량은 1,100만 대를 상회하는 수준에 머물렀다. 단순 계산으로도 100만 대가 넘는 초과 생산 물량이 발생한 셈이다.

남는 물량은 수출로 밀려 나갈 수밖에 없다. 실제로 2024년에는 해외 판매량이 보고된 수출량보다 27만 5천 대나 적어 유럽과 브라질 항구에 재고가 쌓이는 현상까지 발생했다. 태양광 패널 시장은 더욱 심각하다. 중국의 생산 능력은 전 세계 수요의 약 두 배에 달하는 것으로 추정되며, 이로 인한 극심한 가격 경쟁으로 6개의 주요 기업이 2025년 상반기에만 28억 달러의 손실을 기록했다.

서구 시장경제의 관점에서 만성적인 과잉 생산은 비효율과 낭비, 즉 경제적 질병의 징후다. 하지만 중국의 전략적 관점에서 보면, 이는 매우 효과적인 지정학적 무기가 될 수 있다. 시장경제에서는 과잉 생산이 가격 하락과 기업 파산이라는 자정 작용을 통해 해소되지만, 중국 모델은 국가 지원을 통해 이 메커니즘을 무력화시킨다. 그들의 진짜 목표는 압도적인 물량 공세로 전 세계 공급망을 중국에 종속시키는 것이다. 이런 관점에서 보면, 과잉 생산은 실패의 증거가 아니라, 세계 시장 정복을 목표로 설계된 시스템의 의도된 결과물인 셈이다.

두 개의 표준, 두 개의 세계

치열한 경제 전쟁은 필연적으로 더 광범위한 영역에서의 지정학적 대결로 확대된다. 우리는 지금 세계가 미국 중심의 기술 블록과 중국 중심의 기술 블록이라는, 서로 섞이기 어려운 두 개의 생태계로 갈라지는 거대한 분기점에 서 있다. 이러한 현상을 '기술 분절화Technology Bifurcation'라고 부른다.

이와 같은 새로운 기술 패권 경쟁은 단순히 특정 제품의 시장 점유율 다툼에 머무르지 않는다. 진정한 승부처는 미래의 모든 로봇과 자율 시스템이 따라야 할 '기술 표준'을 누가 장악하느냐에 있다. 로봇을 움직이는 운영체제, 자율주행차가 서로 소통하는 데 필요한 5G 통신 규약, 스마트 팩토리 안에서 흘러 다니는 데이터의 형식 등 게임의 룰을 만들고 '사실상의 표준De facto standard'으로 자리잡게 하는 자가 미래 산업을 지배하게 될 것이다. 중국은 '중국 표준 2035China Standards 2035'와 같은 국가 전략을 통해 AI, 사물인터넷IoT 등 신흥 기술 분야에서 자국의 표준이 국제 표준으로 통용되도록 하기 위해 국제표준화

기구International Organization for Standardization, ISO, 국제전기기술위원회 International Electrotechnical Commission, IEC 같은 국제기구에서 영향력을 적극적으로 확대하고 있다.

이 거대한 분절화를 돌이킬 수 없는 현실로 만든 결정적 단초는 '반도체 전쟁'이었다. 미국의 강력한 제재는 중국으로 하여금 엔비디아나 ASML 같은 서구 기술에 대한 의존도를 급격히 낮추고, 화웨이와 SMIC를 중심으로 한 독자적인 기술 생태계를 구축하도록 강제했다. 이 사건은 다양한 분야에 고루 적용되는 기반 기술이 언제든 전략 자원화될 수 있다는 사실을 전 세계에 각인시켰고, 기술 주권의 중요성을 새삼 깨닫게 했다.

결과적으로, 세계 각국의 정부와 기업은 전례 없는 선택의 기로에 놓이게 됐다. 기술 분절화가 심화됨에 따라, 양쪽 생태계를 넘나들며 활동하는 것은 점점 더 어려운 일이 되어가고 있다. 독일 지멘스와 미국 로크웰이 제시한 표준을 바탕으로 운영하는 공장은 화웨이와 이노밴스가 만든 표준에 따르는 공장과 데이터를 원활하게 주고받을 수 없다. 어떤 기술 표준을 채택하느냐의 문제는 이제 단순한 상업적 결정을 넘어, 어느 기술 블록에 줄을 설 것인지를 결정하는 지정학적 선택이 되고 있다.

냉전 시대의 강대국들이 군사 동맹을 통해 세력을 과시했다면, 초연결 시대의 강대국들은 기술 플랫폼과 표준을 통해 영향력을 행사한다. 기술 표준을 지배하는 것은 상대방을 군사적으로 위협하는 것보다 훨씬 더 교묘하고 지속적인 종속 관계를 만들어 낼 수 있다. 자율주행차의 통신 방식과 같은 글로벌 스탠다드를 결정하는 국제표준화기구의 조용한 회의실이 어쩌면 미래의 가장 치열한 지정학적 전쟁터가 될지도 모른다.

우리는 지금 거대한 전환의 한복판에 서 있다. 지난 40년간 세계를 지배했던 경제의 법칙, 즉 '노동 비용'을 중심으로 움직이던 세상은 저물고 '자동화 효율성'이 모든 것을 결정하는 새로운 세상이 열리고 있다. 그리고 이 거대한 변화는 시장의 보이지 않는 손이 아니라, 중국이라는 거대한 행위자의 의도적인 설계에 의해 촉발되었다.

중국이 지난 10년간 일관되게 추진해 온 국가 전략이 마침내 거대한 연쇄 반응을 일으키며 세계의 지정학적, 지경학적 지도를 새로 그리고 있다. 그 일차적 여파는 '제2의 차이나 쇼크'라 불리는 과잉 생산과 '자동화 강요'라는 도저히 피해 갈 수 없는 이슈가 되어 세계 경제를 강타하고 있으며, 미국과 중국의 자존심을 건 대결은 결국 세계를 두 개의 블록으로 나누는 '기술 분절화'로 귀결되고 있다.

그러나 이 모든 경제적 현상은 그 자체로 완결된 사건이 아니다. 이것은 군사적 패권이라는 더 큰 야망을 위한 치밀한 포석에 가깝다. 중국의 '군민융합' 전략 아래, 경제 효율의 이름으로 공장에서 축적되는 모든 기술과 데이터, 산업 역량은 언제든 군사적 목적으로 전환될 수 있는 잠재적 무기다. 경제와 국방의 경계가 허물어지면서, 평시의 생산 라인은 미래 전장을 위한 훈련장으로 기능한다. 이로써 글로벌 경쟁의 판도는 이전과는 질적으로 다른, 훨씬 더 위험한 국면으로 접어들고 있다.

PART 4

새로운 패권 전쟁의 서막

21세기 기술 패권 경쟁 속에서 '기술 주권국'이 될 것인가, '기술 식민지'로 전락할 것인가.

CHAPTER 13
지능화된 전장

중국이 지난 10년간 일관성 있게 추진해 온 국가 전략은 세계 경제에 큰 파장을 일으켰다. '제2의 차이나 쇼크'라 불리는 과잉 생산과 '자동화 강요'라는 숙제를 안겼으며, '기술 분절화'를 통해 세계를 두 개의 블록으로 갈라놓았다. 설상가상으로 '군민융합' 전략은 경제 효율을 명분으로 축적해 온 모든 기술과 데이터, 그리고 여러 산업에 대한 전문성이 언제든 군사적 목적을 위해 동원될 수 있는 근복적 문제를 야기한다. 이번 장에서는 중국의 새로운 군사 독트린인 '지능화 전쟁'에 대해 알아본다.

공장에서 전장으로

지금까지 우리는 중국 피지컬 AI 혁명의 눈부신 현장들을 목격했다. 4장에서 본 것처럼, 유비테크의 휴머노이드 로봇 '워커 S'가 전기차 공장의 조립 라인을 쉼 없이 오가고, 바이두의 로보택시 '아폴로 고'가

베이징의 복잡한 교차로를 능숙하게 빠져나간다. 광활한 신장의 농지 위에서는 DJI의 드론 '아그라스'가 정밀하게 농약을 살포하며 생산성을 극대화한다. 이것이 바로 중국이 세상에 보여 주고자 하는 피지컬 AI의 얼굴, 즉 경제적 진보와 기술적 위업의 상징이다.

하지만 만약 이 모든 장면이 절반의 진실일 뿐이라면 어떨까? 만약 공장의 조립 라인이 미래 병사를 위한 훈련장이고, 도시의 거리가 군사 작전을 위한 정밀 지도 제작 현장이라면? 이야기의 막바지에 이르러 우리는 하나의 도발적인 가설과 마주해야 한다. 중국이 그토록 자랑하는 상업적 성공은 사실 거대한 '이중 용도 전략Dual-use Strategies 1'의 평시 모습에 불과하다는 것이다. 이 전략의 궁극적인 논리는 결국 전장에서 완성된다.

우리가 지금까지 분석해 온 '경제 엔진'은 용의 한 쪽 날개일 뿐이며, 반대편에는 '군사적 야망'이라는 날개가 있다. 중국은 이렇게 두 개의 날개를 펄럭이며 훨훨 날아오르고 있다. 상업적 성공이 군사적 야망을 키우고, 군사적 필요가 다시 상업적 연구 개발의 방향을 결정한다. 이번 장에서는 중국의 피지컬 AI 생태계 전체가 어떻게 '군민융합'이라는 국가 대전략 아래 의도적으로 설계된 이중 용도 시스템으로 작동하는지를 파헤치고자 한다. 4장의 '국가대표' 기업부터 5장의 '살아 있는 실험실'에 이르기까지, 이 모든 요소의 최종 목적지는 인민해방군

---

1 민간 기술을 국방력 강화에, 군사 기술을 산업 발전에 적용하여 국가 경쟁력을 극대화하는 것.

People's Liberation Army, PLA의 새로운 군사 독트린인 '지능화 전쟁'이다. 이로써 중국은 자국의 상업 인프라 전체를 거대한, 그리고 교묘하게 위장된 군사적 자산으로 전환시키고 있다.

거룡의 새로운 군사 독트린

중국 피지컬 AI 전략의 최종 목적지를 이해하기 위해서는 먼저 그들의 새로운 전쟁 수행 방식에 대한 청사진을 들여다봐야 한다. 중국 인민해방군이 공식적으로 채택한 미래 전쟁의 개념, 바로 '지능화 전쟁智能化战争' 말이다. 이는 단순히 기존의 전쟁에 첨단 기술을 더하는 수준을 넘어선다.

인민해방군의 군사 현대화는 기계화Mechanization, 정보화Informatization, 그리고 지능화Intelligentization라는 3단계를 거친다. 1991년 걸프전에서 미군이 보여 준 네트워크 중심전network-centric warfare, NCW [2]의 위력에 충격을 받은 중국은 이후 수십 년간 '정보화 전쟁' 역량을 따라잡는 데 주력했다. 정보화가 전장의 모든 요소를 네트워크로 연결해 데이터 우위를 확보하는 것이었다면, 지능화는 그 데이터를 AI를 통해 분석하고 자율 시스템을 통해 실행함으로써 인간의 인지 능력을 초월하는 의사결정 속도와 정확성을 추구한다. 즉, 전장의 주도권이 물

---

2 전장의 모든 요소를 정보망으로 연결해, 압도적인 정부 우위를 확보하는 전술.

리적 공간이나 정보 공간을 넘어 '인지 공간 Cognitive Space 3'으로 이동하는 새로운 전쟁 패러다임을 의미한다. 인민해방군은 2035년까지 군의 완전한 지능화를 달성하는 것을 목표로 하고 있다.

이 거대한 군사적 비전을 현실로 만드는 핵심 실행 방법론이 바로 '군민융합'이다. 시진핑 주석이 직접 위원장을 맡은 중앙군민융합발전위원회가 총괄하는 이 국가 대전략의 목표는 민간 부문과 국방 부문 사이의 벽을 완전히 허무는 것이다. 민간 기업이 개발한 최첨단 AI, 양자컴퓨팅, 반도체 기술이 아무런 장벽 없이 신속하게 군사적 역량으로 전환될 수 있는 시스템을 구축하는 것이 그 핵심이다. 이는 방위 산업에 민간의 참여를 장려하는 '민참군民參軍'과 군사 기술의 민간 이전을 촉진하는 '군전민軍轉民'이라는 두 가지 방향으로 추진된다.

여기서 서구의 관찰자들이 종종 간과하는 결정적인 사실이 있다. 바이두나 DJI 같은 중국 기업들이 군민융합 전략에 참여하는 것은 애국심이나 사업적 이익에 따른 '선택'의 문제가 아니라는 점이다. 그것은 거부할 수 없는 '법적 의무'다. 중국의 2017년 국가정보법 제7조는 "모든 조직과 국민은 법에 따라 국가의 정보 활동을 지지하고, 돕고, 협력해야 한다."라고 명시하고 있다. 또한 국가동원법은 국가 방위를 위해 민간의 자원과 인력을 동원할 수 있는 광범위한 권한을 정부에 부여한다.

---

3 물리적 전투에 앞서 상대의 생각과 판단을 지배해 승패를 결정짓는 비물리적 전쟁 영역.

이 법적 현실은 '민간 기업'이라는 개념 자체를 무의미하게 만든다. 국가 안보 기관이 로보택시가 수집한 데이터를 요구할 때, 바이두는 법적으로 이를 거부할 수 없다. 이는 중국의 모든 '국가대표' 기업이 사실상 국가의 대리인으로 활동할 수밖에 없는 구조적 현실을 보여 준다. 중국 기업과 기술 협력을 할 때, 상대는 영리를 추구하는 기업일 뿐만 아니라, 국가 안보의 의무를 지는 존재이기도 하다는 사실을 반드시 잊지 말아야 한다. 상업적 성공과 군사적 준비 사이의 경계를 의도적으로 허무는 중국 전략의 가장 무서운 지점이 바로 여기에 있다.

모든 로보택시는 정찰을 위한 자산이다

이제 이번 장의 핵심 주장과 정면으로 마주해 보자. 중국 전역의 도시에서 벌어지고 있는 자율주행차의 대규모 배치는 사실은 교통 혁신으로 위장한 국가 주도의 군사 정찰 및 지도 제작 활동이다. 5장에서 우리는 중국이 어떻게 자국의 거대한 도시들을 AI 훈련을 위한 '살아 있는 실험실'로 활용하는지 분석했다. 바이두의 '아폴로 고'는 이미 누적 운행 1,000만 회를 훌쩍 넘기며, 예측 불가능한 실제 도로 환경에서 방대한 '체화된 데이터'를 수집하고 있다. 상업적으로 이는 더 안전하고 스마트한 자율주행 AI를 만드는 귀중한 '연료'다. 하지만 이 연료는 군사적으로 훨씬 더 치명적인 가치를 지닌다.

바이두의 로보택시에는 세상을 3차원으로 인식하는 라이다 센서가

장착되어 있다. 라이다 기술은 원래 군사 목적으로 개발되었으며, 레이저 펄스를 발사해 반사되어 돌아오는 시간을 측정하여 주변 환경에 대한 정밀한 '3D 점군 데이터Point Cloud Data 4'를 생성한다. 바이두의 최신 6세대 로보택시 '이치 06Yichi 06'에는 중국 기업 허사이Hesai가 만든 고성능 AT128 라이다 센서 4개가 탑재되어 200미터 이상의 탐지 거리를 가진 360도 3D 인지 능력을 구현한다.

바이두의 차량들이 수백만 번의 운행을 통해 수집하는 데이터는 단순한 교통 정보가 아니다. 그것은 모든 도로, 건물, 교량, 잠재적 장애물의 위치와 형태가 마이크로미터 단위로 기록된, 군사 작전 수준의 정밀도를 가진 디지털 지도다. 특히 미래전의 양상이 복잡한 도시 환경에서의 시가전Urban Warfare으로 기울고 있다는 점을 고려하면 데이터의 가치는 더욱 명확해진다.

만약 미래에 중국의 어느 도시에서 군사적 충돌이 발생한다면, 인민해방군은 이미 그 도시의 모든 골목과 구조물을 손바닥 보듯 꿰뚫고 있는 3D 작전 지도를 확보한 상태에서 자율 군용 차량Unmanned x Vehicle, UxV을 투입할 수 있다. 더욱 무서운 점은 이 지도가 일회성으로 제작되는 것이 아니라는 점이다. 수천 대의 로보택시가 매일 도시를 순회하며 데이터를 수집하므로, 이 지도는 새로운 건축물이나 도로의 변화까지 거의 실시간으로 반영하는, 현실 속 '디지털 트윈'이 된다.

---

4 사물의 입체 형상을 정밀하게 표현하기 위해, 레이저 스캐너로 측정한 3차원 좌표 데이터를 모은 것.

'살아 있는 실험실'은 AI의 상업적 성능을 개선하는 훈련장인 동시에, 인민해방군에게 압도적인 '홈그라운드 이점'을 제공하는 군사 정보의 금광인 셈이다. 바이두가 운행하는 모든 로보택시는 잠재적인 정찰 자산이며, 모든 자동화 창고는 인민해방군을 위한 물류 훈련장이다.

하늘의 눈, 전장의 발톱

군민융합 전략이 어떻게 현실에서 작동하는지 보여 주는 가장 명백하고 부인할 수 없는 사례는 바로 DJI다. 취미용 드론으로 시작해 전 세계 상업용 드론 시장의 70% 이상을 장악한 이 기업의 성공 신화는, 이제 그 이면에 감춰져 있던 군사적 야욕을 드러내고 있다.

DJI의 상업용 드론은 이미 실제 전쟁터에서 그 가치를 증명했다. 러시아-우크라이나 전쟁에서 양측은 DJI의 '매빅'과 같은 상업용 드론을 정찰, 포격 유도, 소형 폭탄 투하 등 다양한 군사적 목적으로 광범위하게 사용하고 있다. 이처럼 DJI의 제품은 별다른 개조 없이도 즉시 무기화될 수 있는 내재적 이중 용도성을 가졌다. 이 전쟁은 중국에게는 자국의 가장 성공적인 상업 제품이 현대 전장에서 어떻게 운영되고 있고, 어떤 전자 펄스 공격에 취약하며, 향후 어떤 부분을 시급히 개선해야 하는지에 대한 귀중한 정보를 실시간으로 제공하는 거대한 실험장인 셈이다.

이러한 현실을 바탕으로 미국 국방부는 2022년 DJI를 인민해방군과 연계된 '중국 군사 기업'으로 공식 지정했다. 미 국방부는 DJI의 기술이 인민해방군의 현대화 목표를 지원하며, 이는 군민융합 전략에 직접적으로 기여하는 행위라고 판단했다. DJI가 신장 위구르족 감시에 연루되었다는 인권 문제와 데이터 보안 우려로 인해 미국 정부의 여러 블랙리스트에 오른 것과는 또 다른 차원의, 직접적인 군사적 위험 요소로서 평가 받은 것이다. DJI는 이에 대해 "어떤 나라에서도 군용으로 제품을 설계하거나 판매한 적이 없다."라며 공식적으로 부인했지만, 현실은 그들의 주장과 다르게 흘러가고 있다.

더 나아가, 인민해방군이 직접 DJI 드론을 훈련과 군사 작전에 활용하는 증거도 속속 드러나고 있다. 중국 관영 매체를 통해 공개된 영상과 보도에 따르면, 인민해방군은 DJI의 매트리스 600 Matrice 600과 같은 상업용 드론에 자동 소총을 장착하여 공격용 드론으로 활용하는 훈련을 진행했으며, 다수의 드론을 동원한 '드론 떼 swarm' 전술을 개발하고 있다. 이는 DJI라는 상업적 거인이 어떻게 인민해방군을 위한 '하

표 13-1. 상업적 자산의 군사적 전환

상업적 자산	핵심 기업	상업적 응용	군사적 응용
공중 로보틱스 (드론)	DJI	농업, 건설, 미디어(4장)	정찰, 표적 획득, 무장 공격, 드론 떼 전술(러-우 전쟁에서 입증)
자율주행 모빌리티	바이두	로보택시 '아폴로 고'(4장, 5장)	고정밀 3D 지도 제작, 자율 군용 차량 UxV 항법, 도시전 작전 지도
휴머노이드 로봇	유비테크	공장 자동화, 물류(4장)	병참 지원, 위험 환경 작전, 잠재적 자율 보병 플랫폼
AI 반도체	화웨이	AI 모델 훈련/ 추론용 칩(4장, 8장)	자율 무기 시스템, AI 기반 지휘 통제, 전자전

늘을 나는 눈'이자 '전장의 발톱'으로 기능하는지를 명확히 보여 준다.

표 13-1은 중국의 핵심 '국가대표' 기업들이 상업적 자산인 동시에, 언제든 군사적 수단으로 전환될 수 있음을 보여 준다.

거룡의 뒷모습

중국의 지능화 전쟁 전략이 아무리 거대하고 치밀해 보여도, 그 이면에는 시스템 전체를 위협할 수 있는 취약점이 존재한다. 역설적이게도, 이러한 약점은 중국의 오랜 성공 방정식인 '국가 주도의 하향식 발전 모델' 그 자체에서 비롯되고 있다.

9장에서 우리는 독립 영웅 딥시크가 차세대 AI 모델인 R2를 개발하는 과정에서 화웨이의 국산 칩 '어센드'의 불안정성 문제로 좌초하는 모습을 목격했다. 정부의 압박으로 엔비디아 칩 대신 어센드 칩을 사용해 모델 훈련을 시도했지만, 끊이지 않는 '기술적 문제'와 '칩 간 연결 속도 문제' 때문에 단 한 번의 훈련도 성공적으로 마치지 못하고 결국 엔비디아 칩으로 돌아가야 했다. 이는 8장에서 분석한 'B+ 생태계' 전략이 마주한 냉혹한 현실이다. 즉, 미국의 제재에 맞서 자력으로 개발한 '충분히 좋은' 국산 기술이 아직 최첨단 AI를 개발하는 데 필요한 엄격한 요구 사항을 충족시키지 못하고 있다.

이러한 하드웨어의 신뢰성 문제는 10장에서 다룬 중국의 근원적인 '아킬레스건', 즉 정밀 감속기나 서보 모터와 같은 로봇 핵심 부품의 해외 의존 문제와 맞닿아 있다. 상업용 로봇조차 신뢰성 문제에서 자유

롭지 못하다면, 전장이라는 극한 환경에서 운용될 군용 시스템의 신뢰성에 대해서는 더 말할 것도 없다. 정부의 압박을 받은 기업들은 성능보다는 지극히 정치적인 이유로 국산 부품을 채택할 수도 있다. 이는 경쟁을 통해 가장 우수한 기술이 무엇인지를 가리는 기본적인 시장 원리를 무시하고, 시스템 전체를 겉보기에는 강하지만 실제로는 깨지기 쉬운 구조로 만들 위험이 있다.

더 깊이 파고들어 보면, 이 문제는 기술적 차원을 넘어선다. 파키스탄, 미얀마, 나이지리아 등 중국산 무기를 수입한 여러 국가에서 전투기, 레이더, 군함 등 핵심 장비의 잦은 고장과 성능 미달 사례가 지속적으로 보고되고 있다.

예컨대, 중국이 주도해 개발한 JF-17 전투기에서 심각한 결함이 연이어 발견되었는데, 이는 중국 국방 산업의 총체적 역량에 의문을 품게 한다. 파키스탄이 운용하는 기체에서는 핵심 부품 두 곳에서 동시에 문제가 발생했다. 하나는 러시아제 RD-93 엔진의 반복적인 균열이고, 다른 하나는 중국산 KLJ-7 레이더의 성능 미달이다. 미얀마의 상황은 더욱 심각하여, 새로 도입한 JF-17 전투기 전체가 구조적 결함으로 인해 비행이 사실상 불가능했다. 엔진 자체는 러시아산이라 할지라도, 이를 항공기에 통합하고 전체적인 성능을 책임지는 것은 개발 주체인 중국이다. 이와 같은 사례는 중국 국방 산업 전반에 만연한 품질 관리 부실과 구조적 부패를 시사하는 명백한 증거다.

만약 해외에 수출하는 무기조차 이러한 문제를 안고 있다면, 인민해방군이 사용하는 내수용 장비는 그렇지 않을 것이라고 단정하기는 어렵다. 중국의 거대한 '지능화 전쟁' 독트린이 실제로는 작전 수행 능력이 떨어지는 '속 빈 군대'라는 토대 위에 세워지고 있을 가능성을 배제할 수 없는 것이다.

우리는 지금 거대한 전환의 한복판에 서 있다. 중국의 피지컬 AI 전략은 기업의 이익 추구 활동과 군사력 증강 사이의 경계를 의도적이고 체계적으로 허물어뜨렸다. 공장과 도시의 거리, 그리고 농경지는 더 이상 순수한 경제 활동의 공간이 아닌, 국가의 군사적 야망을 뒷받침하는 이중 용도 자산이 되었다. 12장에서 논의한 세계 경제 질서의 재편은 이 이야기의 끝이 아니다. 그것은 중국의 더 큰 야망을 위한 서막에 불과하다. 지금 이 순간에도 수많은 공장에서 활용되고 있는 데이터와 기술은 모두 언제든 다른 목적으로 사용될 수 있는 양날의 검이다.

세계는 이제 새로운 게임의 규칙에 직면했다. 한 국가의 최고 기술 기업이 동시에 그 나라 군사력의 핵심 구성 요소가 되는 시대. 우리의 질문은 더 이상 '그들과 어떻게 경쟁할 것인가?'에 머물러서는 안 된다. 이제 우리는 '모든 상업용 로봇이 잠재적인 군사적 목적을 가질 수 있는 세상에 어떻게 대비할 것인가?'라는 근본적인 질문에 답해야 한다. 게임의 판은 이미 바뀌었다. 우리가 그 변화를 인지했든, 인지하지 못했든 말이다.

CHAPTER 14
거룡의 거울 앞에 선 호랑이

우리는 지금까지 중국이 피지컬 AI의 패권을 장악하기 위해 국가가 CEO이자 벤처캐피털리스트가 되어 어떤 전략을 밀어붙여 왔는지 살펴봤다. 이제 중국이라는 거룡의 거울 속에 비친 대한민국의 모습을 들여다봐야 할 때다. 값싼 노동력이 아닌 지능화된 생산 설비가 산업의 힘을 결정하는 시대에 우리는 어떤 선택을 하고, 무엇을 준비해야 할까? 이번 장에서는 대한민국이 가진 잠재력을 살펴보고, 산업 생태계를 살리기 위해 무엇을 해결해야 하는지 살펴본다.

이제 거울이 던지는 질문에 답할 때다

중국이 지난 10년간 체계적으로 추진해 온 피지컬 AI 패권 전략은, 대한민국의 입장에서 보면 단순한 경쟁 위협을 넘어선다. 그것은 수출 중심의 제조업 기반 경제 모델이라는 대한민국의 근간 자체를 뒤흔드는 패러다임 전환을 의미한다. 중국의 전략은 마치 거대한 '거룡의 거울'처럼 대한민국의 산업 구조를 비추며, 우리가 오랫동안 강점이라 믿어 온 것들과 그 이면에 깊숙이 내재된 구조적 취약점을 명확히 직시하게 한다. 이는 결코 유쾌한 일일 수는 없다. 하지만 대한민국의 미래를 논하기 위해 우리는 먼저 중국이 무심코 우리 앞에 들어 보인 이 거울을 정면으로 마주해야 한다.

그렇다고 중국을 모방하자는 이야기는 아니다. 중국이 만들어 낸 새로운 게임의 규칙을 이해하자는 것이다. 더 이상 값싼 노동력이 아니라 지능화된 생산 설비가 산업의 힘을 결정하는 시대, 그 새로운 규칙 말이다.

앞 장에서 우리는 이미 중국의 거대한 청사진을 목격했다. 로봇이라는 '몸체'를 만들고, AI라는 '두뇌'를 설계한 뒤, 마침내 둘을 하나로 합치는 체계적인 '3막 전략'. 국가가 CEO처럼 베이징-상하이-선전이라는 거대한 '혁신 조립 라인'을 지휘하는 방식. 그리고 이 모든 것의 궁극적인 지향점이 경제적 번영을 넘어 '지능화된 전장'에 있다는 냉엄한 현실까지 모두 살펴보았다.

이제 이 거울에 비친 대한민국의 모습을, 우리의 잠재력과 약점을 냉정하게 진단할 시간이다. 이 거울이 던지는 질문은 명확하다. 대한민국의 자랑스러운 제조 경쟁력은 앞으로 계속해서 밝은 미래를 담보하는 단단한 초석으로 작용할 것인가, 아니면 우리 모두를 과거의 영광에 가두는 화려한 감옥이 될 것인가.

대한민국이 가진 양날의 검

중국이라는 거대한 용이 승천하는 동안, 한반도의 호랑이는 잠들어 있었던 것이 아니다. 대한민국은 다가오는 피지컬 AI 시대를 선도할 수 있는 강력하고 독특한 잠재력을 이미 보유하고 있다. 다만 아직 그 힘을 하나의 방향으로 결집하지 못하고 있을 뿐이다. 하지만 이 강점들은 양날의 검과 같아서, 그 본질을 정확히 이해하지 못하면 오히려 우리의 발목을 잡는 족쇄가 될 수도 있다.

세계 1위 로봇 밀도: 준비된 시험장인가, 낡은 유산인가

국제로봇연맹의 2024년 보고서에 따르면, 2023년 기준 대한민국의 로봇 밀도는 노동자 1만 명당 1,012대로 세계 1위를 기록했다. 전 세계 평균인 162대의 6배를 훌쩍 넘는 압도적인 수준이다. 이 숫자는 단순한 통계를 넘어, 대한민국의 공장이 이미 다음 산업혁명을 위한 준비된 전쟁터임을 알리는 선언이나 다름없다.

이것이 왜 그토록 중요한가? 3장에서 보았듯, 중국의 피지컬 AI 3막 전략은 '중국제조 2025'를 통해 로봇이라는 '몸체'를 국가적 차원에서 구축하는 1막에서부터 시작되었다. 그들은 당초 취약했던 기반에서 출발하여 막대한 국가 자본을 투입해 이러한 역량을 만들어 내야 했다. 반면, 대한민국은 수십 년간의 유기적인 산업 발전을 통해 이미 세계 최고 수준의 자동화된 '몸체'를 갖추고 있다. 다시 말해, 우리는 중국의 1막을 이미 뛰어넘은 상태에서 경주를 시작할 수 있는 엄청난 잠재적 우위를 점하고 있는 것이다. 중국이 거대한 초기 자본을 들여 시험장을 건설해야 했다면, 우리는 기존의 시험장을 지능화 단계로 업그레이드하기만 하면 된다. 우리의 공장들은 그 자체로 중국의 '살아 있는 실험실'에 필적할, 아니 어쩌면 더 효율적인 시험장이 될 준비가 되어 있다.

하지만 이러한 강점의 이면을 들여다볼 필요가 있다. 대한민국의 높은 로봇 밀도는 피지컬 AI 시대를 내다본 선제적이고 전략적인 국가 계획의 산물이 아니다. 그보다는 오히려 20세기 제조업 모델의 연장선상에 있는 '과거의 유산'에 가깝다. 대한민국 경제는 제품 수출에 크게 의존해 왔고, 치솟는 인건비와 저임금 국가들과의 경쟁 속에서 살아남기 위해 수십 년간 필사적으로 공장 자동화를 추진했다. 그 결과 세계 최고의 전통적인 산업용 로봇 밀도를 갖게 된 것이다. 이는 과거의 필요에 의해 만들어진 자산일 뿐, 미래 비전의 결과물이 아니다. 따라서 이 압도적인 강점은 역설적으로, 고도의 지능을 가진 피지컬 AI가 파괴하려는 목표물이기도 하다.

이제 우리는 중대한 질문에 답해야 한다. 이 방대한 하드웨어 유산을 새로운 시대의 지능으로 업그레이드하여 미래의 전략적 자산으로 전환할 것인가, 아니면 과거 패러다임에 막대한 자원을 투입한 대가를 '매몰 비용Sunk Cost 5'으로 남겨 둔 채 도태될 것인가?

---

5 이미 지출하여 회수할 수 없는 비용으로, 미래의 합리적인 의사결정을 할 때 고려해서는 안 되는 비용.

하드웨어 삼위일체: 민첩한 생태계인가, 그들만의 리그인가

휴머노이드 로봇이나 자율주행차는 다양한 기술이 융합된 결정체다. 지능을 담당하는 '두뇌(AI 반도체)', 움직임을 구현하는 '몸체'와 '신경망(차체, 정밀기계)', 그리고 이 모든 것을 움직이는 '심장(배터리)'이 필요하다. 대한민국은 세계에서 거의 유일하게 이 세 가지 핵심 영역 모두에서 세계 최고 수준의 기업들을 보유한 나라다. 삼성전자와 SK하이닉스가 AI 반도체 시장을, 현대자동차그룹이 자동차와 정밀기계 산업을, 그리고 LG에너지솔루션과 삼성SDI가 배터리 시장을 선도하고 있다.

이는 수출 효자 품목 이상의 의미를 갖는다. 다시 말해, 피지컬 AI를 위한 완벽한 물리적 공급망이 이미 우리 내부에 존재함을 의미한다. 중국이 베이징(두뇌), 상하이(근육), 선전(몸체)이라는 각기 다른 도시들을 국가의 의지로 묶어 '혁신 조립 라인'을 구축해야 했다면, 대한민국은 잠재적으로 하나의 기업 생태계 안에서 이 모든 시너지를 만들어낼 수 있다. 이는 국가 주도 모델과는 다른, 어쩌면 더 민첩하고 효율적인 시장 주도형 수직 계열화의 가능성을 시사한다. 피지컬 AI 시대의 진정한 강자는 단순히 뛰어난 부품을 만드는 국가가 아니라, 이 모든 것을 하나의 시스템으로 통합할 수 있는 국가가 될 것이다. 대한민국은 그 출발선에서 누구보다 유리한 고지를 점하고 있다.

그러나 여기에도 구조적 함정이 존재한다. 이 강력한 '하드웨어 삼위일체'의 힘이 삼성, 현대자동차, SK, LG와 같은 소수의 거대 재벌 기업에 집중되어 있다는 점이다. 이러한 구조는 대규모 자본을 신속하게 투입하고, 계열사 간의 긴밀한 협력을 통해 통합적인 제품을 빠르게 개발하는 데에는 유리할 수 있다. 하지만 혁신적인 아이디어를 가진 중소기업이나 스타트업의 성장을 저해하고, 생태계 전체의 역동성을 떨어뜨리는 요인이 되기도 한다. 이들 거인 기업의 담장 안에서 이루어지는 시너지는 강력할지 모르나, 그것이 국가 전체의 개방적이고 다양한 혁신 생태계로 이어지지 못한다면 '그들만의 리그'에 그칠 위험이 있다. 이 모델의 성공 여부는 전적으로 소수 기업 총수들의 비전과 위험 감수 능력에 달려 있으며, 이는 다채로운 생태계에 비해 외부 충격에 더 취약한 구조일 수 있다.

잠에서 깨어난 거인들:
생존을 위한 몸부림인가, 미래를 향한 포석인가

최근 대한민국 대기업들의 움직임은 이러한 잠재력이 서서히 깨어나고 있음을 보여 준다. 삼성전자가 2023년부터 단계적으로 레인보우로보틱스에 대한 지분 투자를 단행한 것, 현대자동차그룹이 2021년 보스턴 다이내믹스를 인수한 것은 더 이상 고립된 인수합병 사례가 아니다. 특히 현대자동차는 보스턴 다이내믹스의 휴머노이드 로봇 '아틀라스'를 미국 조지아주 신공장의 자동차 부품 배열 Part Sequencing 작업에 투입할 계획을 밝히며, 세계 최초로 휴머노이드 로봇의 실질적인 산업 현장 적용을 예고했다. 네이버가 '각閣 세종'과 같은 초거대 데이터센터를 통해 국가의 'AI 두뇌'를 자처하고, 두산로보틱스가 협동 로봇 분야의 글로벌 강자로 자리매김한 것 역시 같은 맥락이다.

이러한 현상은 4장에서 분석한 중국의 '국가대표' 모델이 한국에서는 기업 주도로 나타나고 있음을 시사한다. 국가의 직접적인 지시가 아닌, 생존을 위한 전략적 판단에 따라 삼성과 현대 같은 거인들이 스스로 '국가대표'의 역할을 맡기 시작한 것이다. 이는 한국 산업계가 더 이상 부품 공급자나 조립 생산자에 머물러서는 안 되며, 플랫폼 소유주이자 시스템 통합의 주체가 되어야 한다는 냉엄한 현실 인식을 반영한다. 전 세계를 휩쓰는 '자동화 강요'의 시대에 살아남기 위해, '빠른 추격자'에서 '시장 선도자'로의 고통스러운 전환이 마침내 시작되고 있는 것이다.

하지만 이 거인들의 움직임 역시 그 동기를 냉철하게 분석해야 한다. 현대자동차가 아틀라스를 자사 공장에 투입하는 것은 글로벌 피지컬 AI 시장을 선점하려는 공격적인 포석이라기보다는, 당장 자사의 생산 현장이 마주한 인력난과 생산성 문제를 해결하기 위한 방어적이고 반응적인 조치에 가깝다. 삼성의 로봇 투자 역시 자사의 반도체 및 가전 생산 라인의 자동화 수요를 충족시키기 위한 내부적 필요성이 크게 작용한다. 이는 국가적 차원에서 피지컬 AI 산업을 수출 동력으로 키우고 지정학적 영향력을 확보하려는 중국의 명확한 목표와는 근본적으로 동기가 다르다. 즉, 대한민국의 거인들은 '미래를 향한 포석'을 놓기 이전에 '당장의 생존을 위한 몸부림'을 치고 있는 셈이다. 물론 이러한 몸부림이 미래를 향한 첫걸음이 될 수는 있다. 그러나 이들의 노력이 자신이 쌓은 성을 지키는 데에만 머무른다면, 국가 전체의 힘으로 결집되지 못하고 파편화될 위험이 상존한다.

사상누각, 무엇이 우리의 발목을 잡는가

거룡의 거울은 우리의 빛나는 잠재력뿐만 아니라, 그 토대 위에 산재한 깊은 균열까지 남김없이 비춘다. 이 구조적 취약점들을 정면으로 마주하지 않는다면, 우리가 가진 모든 강점은 사상누각이 될 수 있다.

기형적 생태계: '응용'이라는 달콤한 함정

2024년 기준 약 6조 3천억 원 규모로 성장한 국내 AI 산업의 속살을 들여다보면 위험할 정도의 구조적 불균형이 드러난다. 국책 연구기관인 소프트웨어정책연구소SPRi의 '2024 인공지능산업 실태조사'에 따르면, 국내 AI 사업 매출에서 가장 큰 비중을 차지하는 것은 챗봇이나 영상 분석 같은 'AI 응용 소프트웨어'로, 그 규모가 2조 6,700억 원에 달한다. 반면, 피지컬 AI의 핵심 기반이 되는 AI 연산 처리 부품·장치(NPU 등) 분야의 매출은 고작 3,000억 원에 불과하다. 기업들이 보유한 AI 기술 역시 '시각 지능'이나 '지능형 에이전트'에 극도로 편중되어 있으며, AI 반도체와 같은 하드웨어 원천 기술 보유 비율은 20% 미만에 머무른다.

이는 대한민국이 세계 최고 수준의 '몸체'는 가졌지만, 정작 그 몸을 움직일 독자적인 '두뇌'를 개발하는 데에는 매우 미진하다는 것을 의미한다. 중국이 '몸체 구축 → 두뇌 설계 → 융합'이라는 체계적이고 전체론적인 3막 전략을 추진한 것과 극명한 대조를 이룬다. 그들은 화웨이의 어센드 칩 사례에서 보듯, 독자적인 '두뇌' 없이는 '몸체'가 타인에게 조종당하는 꼭두각시에 불과하다는 사실을 일찍이 간파했다. 반면 우리는 가장 즉각적으로 수익을 낼 수 있는 가치 사슬의 마지막 단계, 즉 '응용'에만 매달리는 전형적인 '빠른 추격자'의 실수를 반복하고 있다.

이러한 불균형은 21세기를 위한 새로운 형태의 기술 종속 관계를 낳을 수 있다. 미래의 한국산 로봇과 스마트 팩토리는 미국의 엔비디아나 중국의 화웨이가 만든 '두뇌'에 의해 움직이게 될 것이다. 이는 대한민국의 제조업을 정교한 하드웨어를 만드는 하청 기지로 전락시키는 결과를 초래할 수 있다. 과거에는 우리가 만든 자동차와 반도체에 외국의 운영체제나 소프트웨어가 탑재되었다면, 미래에는 우리가 만든 로봇의 모든 움직임과 판단이 외국의 AI 플랫폼에 의해 통제될 수 있다는 의미다. 이는 단순히 부가가치를 빼앗기는 경제적 문제를 넘어, 국가 산업의 주권과 안보까지 위협하는 심각한 상황이다. 우리는 공장은 소유하지만 그 공장의 '스위치'는 외국에 넘겨 주는, 첨단 기술 시대의 새로운 '기술적 식민지'를 자처하고 있는지도 모른다.

공동의 아킬레스건: 핵심 부품이라는 족쇄

이 책 10장에서 우리는 막대한 국가 자본으로도 쉽게 해결하지 못하는 중국의 치명적인 약점, 즉 '핵심 부품의 해외 의존'이라는 아킬레스건을 분석했다. 로봇 원가의 약 70%를 차지하는 정밀 감속기와 서보 모터 시장을 일본과 독일 기업들이 장악하고 있다는 현실 말이다. 구체적으로, 소형 정밀 감속기인 하모닉 드라이브 시장은 일본의 하모닉 드라이브 시스템즈가 전 세계 시장의 약 70%를 차지하는 거의 독점적인 구조를 가지고 있으며, 서보 모터 시장 역시 일본의 야스카와, 화낙 등 일본 기업들이 글로벌 시장의 50% 이상을 점유하고 있다. 이는 막대한 '규모'의 투입만으로는 수십 년간 축적된 '기교'의 영역을 따라잡기 어렵다는 사실을 보여 준다.

여기서 가장 냉엄하고 겸허해져야 할 진실과 마주하게 된다. 제조업 강국 대한민국 역시 중국과 정확히 똑같은 아킬레스건을 공유하고 있다는 사실이다. 에스피지SPG, 에스비비테크SBB Tech 같은 국내 기업들의 고군분투에도 불구하고, 핵심 부품의 해외 의존도는 여전히 심각한 수준이다. 국내 산업용 로봇 시장에서 수입품이 차지하는 비중은 80%를 넘어선다.

이는 한중 경쟁이 단순한 양자 대결이 아님을 시사한다. 두 나라 모두 근본적으로 동일한 기술적 질곡에 갇혀 있는 것이다. 우리의 목표는 단순히 '중국을 이기는 것'이 아니라, '공동의 족쇄로부터 벗어나는 것'으로 재정의되어야 한다. 이 문제는 '어떻게 중국을 이길 것인가'라는 질문을 '어떻게 중국도 해결하지 못한 문제를 먼저 해결할 것인가'라는 질문으로 바꾼다. 만약 대한민국이 이에 대한 해법을 먼저 찾는다면, 즉 핵심 부품의 완전한 국산화에 성공한다면, 중국을 포함한 전 세계에 핵심 부품을 공급하는 새로운 전략적 위치를 확보할 수도 있다. 경쟁자에서 벗어나, 로봇 시대의 '스위스'처럼 누구도 대체할 수 없는 핵심 기술 공급국으로 거듭날 수 있는 절호의 기회가 바로 이 아킬레스건에 숨어 있다.

조용한 엑소더스: 서사가 없는 나라의 인재들

대한민국은 OECD 국가 중 최하위 수준의 심각한 AI 인재 순유출, 즉 '두뇌 유출'을 겪고 있다. 2024년 기준, 대한민국의 AI 인재 순유출 지수[6]는 인구 10,000명당 -0.36명으로, OECD 38개국 중 35위라는 참담한 성적표를 받았다. 이는 룩셈부르크(+8.9명), 독일(+2.1명), 미국(+1.1명)과 같은 인재 유치국들과는 극명한 대조를 이룬다.

이는 단순히 연봉 격차의 문제가 아니다. 물론 미국의 박사급 신입 AI 연구원이 12억 원에 달하는 연봉을 받는 반면, 국내 AI 개발자의 평균 연봉은 1억 2천만 원 수준에 머무는 등 경제적 유인이 큰 것은 사실이다. 하지만 더 깊은 곳에는 거대한 국가적 서사의 부재라는 구조적 문제가 자리 잡고 있다. 11장에서 보았듯, 중국은 '인적 자본 플라이휠'을 가동한다. 높은 연봉은 물론, 국가의 목표와 기업의 성장, 그리고 개인의 명예를 '중화민족의 위대한 부흥'이라는 하나의 강력한 서사로 엮어 최고의 인재들을 끌어들인다. 중국의 AI 엔지니어는 국가적 영웅으로 대접받는다.

반면 대한민국에는 그들을 붙잡아 둘 만한, 듣기만 해도 '가슴이 웅장해지는 서사'가 없다. 경직된 상명하복식 기업 문화, 단기 성과 위주의 평가 시스템, 그리고 연구 자율성을 옥죄는 주 52시간 근무제와 같은 규제들은 세계 최고 인재들이 마음껏 뛰놀 '혁신의 놀이터'를 제공

---

[6] 이 지수는 해외로 나간 AI 인재와 국내로 들어온 인재의 차이를 나타내는데, 음수(-)일수록 '순유출'이 심하다.

하는 데 장애물이 될 뿐이다. 돈만으로는 인재 문제를 해결할 수 없다. 실리콘밸리의 혁신 문화나 중국의 국가적 야망과 경쟁할 수 있는, 대한민국만의 거대하고 통일된 비전이 필요하다.

인재 유출 문제는 앞서 지적한 모든 약점들을 연결하고 증폭시키는 '악순환의 고리' 역할을 한다. 최고의 두뇌들이 경직된 문화를 피해 해외로 떠나면, 국내에는 고위험·장기 기초 연구를 수행할 인력이 부족해진다. 이는 자연스럽게 AI 반도체나 정밀 감속기 같은 원천 기술 개발의 부진으로 이어진다. 원천 기술이 없으니 국내 기업들은 다시 외산 플랫폼에 의존하는 응용 소프트웨어 개발에만 집중하게 되고, 이러한 산업 구조는 다시 최고의 인재들에게 매력 없는 연구 환경을 제공하여 인재 유출을 가속화한다. 이처럼 두뇌 유출은 '기형적 생태계'와 '공동의 아킬레스건' 문제를 해결하기는커녕 오히려 심화시키는 핵심 원인이다. 이 고리를 끊지 못하면 대한민국의 피지컬 AI 전략은 모래 위에 성을 쌓는 격이 될 것이다.

갈림길에 선 호랑이는 어떤 길을 택할 것인가

결국 모든 문제의 원인은 하나로 수렴된다. 바로 '전략적 통합'의 실패다. '제4차 지능형 로봇 기본계획', 'AI 국가전략' 등 수많은 계획이 존재하지만, 이는 개별 목표와 사업의 나열에 그치는 경우가 많다. 중국이 보여 준 '몸체 → 두뇌 → 융합'이라는 10년 단위의 거대하고 일

표 14-1. 대한민국의 피지컬 AI 전략 수립을 위한 SWOT 분석

	강점 Strengths	약점 Weaknesses
내부 요인	• 세계 1위 로봇 밀도(1,012대/1만 명, IFR 2024) • 반도체, 자동차, 배터리 등 세계적 제조업 기반 보유 • 대기업의 과감한 선제 투자(삼성-레인보우로보틱스, 현대-보스턴 다이내믹스)	• 응용 소프트웨어 매출에 편중(AI 관련 하드웨어 매출 비중 5% 미만) • 핵심 부품(감속기, 서보 모터) 해외 의존(일본산 점유율 50~70%) • 심각한 AI 인재 순유출(OECD 38개국 중 35위) • 파편화된 국가 전략 및 비전 부재
	기회 Opportunities	위협 Threats
외부 요인	• 핵심 부품 국산화 성공 시 글로벌 공급망 내 전략적 지위 확보 가능성 • 전 세계적으로 스마트 팩토리 및 자동화 수요 급증 • 국방 현대화 및 지능화 전쟁 대비 필요성 증대	• 중국의 압도적 규모와 빠른 기술 추격 • 미-중 기술 전쟁으로 인한 공급망 리스크 심화 • 외산 AI 두뇌에 종속되는 기술적 하청기지화 위험 • 인재 및 핵심 부품 확보를 위한 글로벌 경쟁 격화

관된 서사가 우리에게는 부재하다. 이것이 바로 대한민국의 근본적인 위기다. 기술력이 부족한 것이 아니다. 판교의 소프트웨어(두뇌), 창원의 제조업(몸체), 평택의 반도체(신경망)는 각기 세계적 수준이다. 하지만 마치 개별 국가의 별개의 산업처럼 움직이고 있다. 우리에게는 이 조각들을 하나로 꿰어 낼 설계도와, 그 조립 과정을 지휘할 국가적 리더십이 없다. 위기는 능력의 부재가 아니라, 비전과 조율의 부재에서 비롯된다.

'거룡의 거울'은 대한민국의 현재 모습을 남김없이 비추었다. 이제 '호랑이'가 행동할 시간이다. 거룡의 행적을 맹목적으로 추종하는 것은 결코 좋은 답이 될 수 없다. 호랑이는 호랑이만의 방식으로 싸워야 한다. 교차로에 선 호랑이가 택해야 할 길은 무엇인가?

첫째, 파편화된 계획을 넘어 통일된 국가 서사를 만들어야 한다. 우리에게 부족한 것은 돈이나 기술이 아니라 인재들의 가슴을 뛰게 할 '이야기'다. 'AI 세계 3대 강국' 같은 구호만으로는 부족하다. 피지컬 AI 기술을 통해 우리가 어떤 사회적 문제를 해결하고, 어떤 미래를 만들 것인지에 대한 구체적이고 매력적인 비전을 제시해야 한다. 이것이 경직된 문화를 혁신하고 해외로 떠나는 인재들을 붙잡을 수 있는 가장 근본적인 해결책이다.

둘째, '부품 주권' 확보를 국가 안보 차원의 과제로 선언해야 한다. 정밀 감속기와 서보 모터 국산화는 단순히 몇몇 중소기업의 과제가 아니다. 즉, 미래 산업의 식민지가 되지 않기 위한 독립운동과 같다. 이 문제를 해결하는 것은 중국과의 경쟁에서 이기는 것 이상의 의미를 지닌다. 이는 우리를 의존적인 경쟁자에서 독립적인 기술 공급자로 바꿔놓을 수 있는 전략적 변곡점이 될 것이다.

셋째, 진정한 '혁신의 놀이터'를 건설해야 한다. 최고의 인재들이 머물고 싶어 하는 환경을 만드는 데 국가적 역량을 집중해야 한다. 단순히 높은 연봉을 보장하는 것을 넘어, 실패를 용인하는 문화, 단기 성과 압박에서 벗어난 장기 연구 지원, 연구자의 자율성을 최대한 보장하는 유연한 제도적 뒷받침을 포함한다.

마냥 거울만 들여다보고 있을 수는 없다. 거울에 비친 자신의 강점과 약점을 명확히 인식한 호랑이는 이제 선택을 해야 한다. 과거의 성공 방정식에 안주하며 서서히 도태될 것인가, 아니면 뼈아픈 자기 성찰을 바탕으로 새로운 생존 전략을 찾아 나설 것인가.

CHAPTER 15
새 판을 짜는 자 vs. 성실한 실행자

이제 선택의 시간이 다가왔다. 앞 장에서 우리는 과거의 성공에 안주해서는 결코 기술 패권 전쟁에서 승산이 없음을 확인했다. 이제는 뼈아픈 자기 성찰을 통해 새로운 생존 전략을 수립할 때다. 이번 장에서는 대한민국 정부와 기업이 산업의 판도를 바꾸는 '게임 체인저'로 거듭나기 위해 필요한 구체적인 청사진을 제시하고자 한다. 미래를 위해 새 판을 짤 것인가, 아니면 중국과 미국에게 미래를 잠식당한 채 현실에 안주하는 성실한 실행자로만 머물 것인가. 선택은 우리 손에 달려 있다.

설계자가 될 것인가, 하청업자로 전락할 것인가

앞선 14장에서 우리는 중국이라는 '거룡의 거울'을 통해 대한민국 산업 구조의 현실을 목도했다. 그 거울은 우리가 오랫동안 강점이라 믿어 온 것과 그 이면에 감춰진 구조적 취약점을 동시에 비추었다. 이제 거울을 내려놓고, 그 안에 비친 호랑이가 나아갈 길을 선택해야 할 때다. 선택지는 명확하다. '새 판을 짜는 자Game Changer'가 될 것인가, 아니면 '성실한 실행자'에 머무를 것인가.

'성실한 실행자'의 길은 익숙하고 안전해 보인다. 세계 최고 수준의 제조업을 바탕으로 외국의 플랫폼과 부품을 가져와 정교한 완성품을 만드는, 지난 수십 년간 우리에게 눈부신 성공을 안겨 준 바로 그 방식이다. 그러나 피지컬 AI가 모든 규칙을 바꾸는 지금, 익숙한 길의 끝은 예속의 미래가 기다리고 있을 뿐이다. 대한민국의 스마트 팩토리는 미국의 '두뇌(엔비디아, 구글)' 위에서 작동하고, 결국 중국의 압도적인 '규모'에 잠식당할 운명에 놓이게 된다. 아무리 부지런히 일해도 부가가치의 핵심은 타인의 손에 쥐어 줄 수밖에 없다.

핵심 플랫폼을 확보하려는 전략이 부재하다면, 우리의 뛰어난 제조 역량은 오히려 대한민국을 '똘똘한 하청 기지'로 만들 뿐이다.

반면 '새 판을 짜는 자'의 길은 낯설고 고통스럽다. 다음 산업혁명의 동력이 될 핵심 부품과 플랫폼, 기술 표준을 우리 손으로 설계하고 소유해야 하는 길이기 때문이다. 이 책 전체를 관통하는 중국의 거대한 투쟁사 또한 결국 이와 같은 '설계자'가 되기 위한 몸부림이었다. 12장에서 확인했듯이, 노동비용 차익거래의 시대는 막을 내렸고 '자동화 강요'라는 새로운 패러다임이 세상의 많은 것을 바꾸고 있다. 게임의 판이 뒤집힌 것이다.

이제 대한민국은 역사의 기로에 섰다. 과거의 영광에 취해 서서히 끓는 냄비 속 개구리가 될 것인가, 아니면 뼈를 깎는 고통을 감내하고 미래 산업의 설계자로 부상할 것인가. 지금부터, 그 두 번째 길을 향한 구체적인 전략 지도를 펼쳐 보이고자 한다.

정부를 위한 제언: '추격자'에서 '게임 체인저'로

국가 차원의 전략적 대전환 없이, 기업들의 개별적인 노력만으로는 새로운 시대의 파도를 넘을 수 없다. 정부는 더 이상 단기적 성과에 매몰된 발 빠른 추격자가 아닌, 산업의 판도를 바꾸는 '게임 체인저'로서의 역할을 수행해야 한다.

'K-피지컬 AI 2035' 대전략 수립:
파편화된 계획을 넘어 통일된 국가 서사로

앞에서 지적한 것처럼, 대한민국의 가장 근본적인 약점은 기술이나 자본의 부족이 아니라 '파편화된 국가 전략'과 '통일된 국가 서사의 부재'다. '제4차 지능형 로봇 기본계획[7]', 'AI 국가 전략[8]' 등 수많은 계획

---

7 K-로봇 경제 실현을 위해 2030년까지 민관이 3조 원 이상을 투자하여 핵심 부품 국산화율을 80%로 높이고 로봇 보급을 100만 대로 늘리는 것을 목표로 하는 범부처 중장기 계획.

8 'IT 강국을 넘어 AI 강국으로'라는 비전 아래, 2030년까지 세계 3위의 디지털 경쟁력을 확보하고 AI를 통해 최대 455조 원의 경제 효과를 창출하며 국민 삶의 질을 세계 10위권으로 끌어올리는 것을 목표로 하는 범정부 차원의 종합 발전 계획.

이 존재하지만, 개별 목표의 나열에 그칠 뿐, 국가적 역량을 한곳으로 모으는 강력한 구심점이 되지 못한다. 이는 지난 10년간 '몸체 구축 → 두뇌 설계 → 융합'이라는 명확한 3막 구조 아래 일관된 전략을 추진해 온 중국과 극명한 대조를 이룬다.

강력한 국가 서사의 부재는 단순한 행정상의 비효율을 넘어 앞에서 확인한 가장 치명적인 약점, 즉 심각한 '두뇌 유출'의 직접적인 원인이 된다.

11장에서 보았듯이, 중국은 '중화민족의 위대한 부흥'이라는 거대한 서사 속에서 엔지니어를 국가적 영웅으로 대접하며 최고의 인재들을 끌어들인다. 그리고 실리콘밸리는 '우리가 세상을 바꾼다'는 비전을 제시한다. 반면 대한민국은 그저 '좋은 일자리'를 제안할 뿐이다. 국가의 목표와 기업의 성장, 개인의 명예가 완벽하게 일치하는 매력적인 '이야기'가 없다. 인재 유출은 단순한 인적 자원 문제가 아니라, 국가의 미래를 담보할 장기적이고 야심 찬 프로젝트에 대한 자본 투자가 부족하다는 신호이기도 하다. 최고의 인재는 최고의 자본을 따라 움직이기 때문이다.

따라서 가장 시급한 과제는 흩어져 있는 5년 단위 계획들을 하나로 묶어 낼, 대통령 직속의 10년 단위 국가 미션, 'K-피지컬 AI 2035' 대전략을 수립하는 것이다. 이는 '3조 원 투자', '국산화율 80%'와 같은 건조한 목표의 나열이어서는 안 된다. '대한민국의 제조업 미래와 국가 안보를 담보할 기술 주권적 피지컬 AI 생태계 구축'이라는 명확하고 강력한 서사를 담아야 한다. 특히 중국과 미국의 행적을 맹목적으로 따라가지 않고, 오직 대한민국만이 갈 수 있는 독자적인 길, 즉 '고부가가치·고신뢰성 자율 제조 시스템' 분야에서 세계 최고가 되겠다는 구체적인 비전을 제시해야 한다.

이러한 통일된 서사야말로 흩어진 국가적 역량을 결집하고, 이 나라 최고의 두뇌들에게 세상에서 가장 흥미진진한 일이 바로 여기에서 벌어질 것이란 믿음을 심어 주어 해외로 향하는 그들의 발걸음을 돌릴 수 있는 가장 근본적인 해결책이다.

'한국형 인내 자본' 조성: 가디언 펀드 아키텍처

1. 자본의 딜레마: 규모와 속도를 넘어서

대한민국이 로봇 산업의 핵심 부품, 특히 정밀 감속기나 서보 모터와 같은 분야에서 겪는 어려움의 본질은 자본의 절대적 부족이 아니다. 문제는 자본의 '성격'과 '철학'에 있다. 전통적인 벤처캐피털 모델은 통상 5년에서 7년 내의 투자 회수를 목표로 하는 단기적 수익률에 최적화되어 있다. 따라서 소프트웨어나 플랫폼 비즈니스에서는 유효할 수 있으나, 소재의 물성을 이해하고, 수만 시간의 내구성을 검증하며, 나노 단위의 정밀도를 구현해야 하는 딥테크Deep Tech [9] 하드웨어 분야에는 근본적으로 부적합하다. 이 분야의 연구개발은 10년 이상이 소요될 수 있으며, 초기 실패 확률이 극도로 높기 때문이다.

---

[9] 과학적 발견이나 혁신적인 공학 기술에 기반을 두며, 사회와 산업에 큰 영향을 미칠 수 있는 파괴적 잠재력을 지닌 기술.

이러한 상황은 '이중 실패 시장Dual-failure market[10]'을 형성한다. 민간 자본은 장기적이고 불확실한 위험을 감수하려 하지 않기 때문에 '인내 자본'은 애초부터 형성되기 어렵다. 다른 한편으로 국가 주도 자본이 오롯이 역할을 도맡을 경우, 자칫 시장 수요와 동떨어진 기술 개발을 독려하거나 기술적 완성도를 제대로 평가하지 못할 가능성이 크다. 따라서 대한민국에 필요한 것은 이 두 가지 실패 가능성을 동시에 방지할 수 있는 새로운 자본을 설계하는 일이다.

2. 해외의 전략적 자본 모델 분석

새로운 자본의 청사진을 그리기 위해, 세계 각국의 전략적 자본 모델을 심층적으로 분석하여 핵심 작동 원리와 한계를 동시에 도출해야 한다. 이들은 단순히 다른 전략이 아니라, 혁신을 위한 국가의 역할을 어떻게 정의하는지에 대한 각기 다른 철학을 대표한다. 전략적 자본 모델은 크게 세 가지 유형으로 분류할 수 있다. 지휘관 모델, 촉매제 모델, 그리고 기술 심판 모델이다. 각 모델의 특징을 하나씩 살펴보자.

첫 번째는 지휘관 모델이라고 할 수 있는 중국의 국가집적회로산업투자기금, 이른바 '빅펀드'다. 이는 미국의 제재에 맞서 반도체 자립이라는 지정학적 필요에 의해 움직이며, 국가 주도 인내 자본의 위력을 보여 주었다. 15년 이상의 장기적 관점에서 수십조 원을 쏟아부어 산

---

[10] 민간 자본은 투자를 기피하고 공공 자본은 비효율적으로 운용되어 양쪽 모두 제 기능을 못 하는 시장.

업 생태계의 지형을 바꿀 수 있음을 증명했다. 특히 2024년에는 미국의 제재 강화에 대응해 3,440억 위안(약 65조 3,600억 원) 규모의 3차 펀드를 출범시키며 그 의지를 다시 한번 천명했다.

그러나 빅펀드가 가진 구조적 결함은 우한홍신반도체HSMC의 파산으로 그 실체를 명확히 드러냈다. 반도체 경험이 전무한 이들이 7나노 공정 개발이라는 비현실적 목표를 내세웠음에도, HSMC는 지방 정부와 빅펀드로부터 천문학적인 투자를 유치했다. 이는 기술적 타당성에 대한 검토는 물론, 사업의 수익성이나 실현 가능성에 대한 시장의 냉정한 평가 과정이 생략된 채 오직 국가적 야심만을 근거로 투자가 집행되었음을 의미한다.

그 결과는 참담했다. HSMC는 단 하나의 상용 칩도 만들지 못한 채 막대한 자금만 낭비하고 파산했고, 이 사건은 빅펀드 모델이 잉태한 심각한 도덕적 해이와 비효율의 민낯을 보여 주었다.

이러한 실패가 남긴 교훈은 분명하다. 국가가 주도하는 인내 자본은 '필요조건'일 뿐, 시장 메커니즘을 통한 냉정한 검증과 책임이 뒤따르지 않는다면 결코 '충분조건'이 될 수 없다는 것이다.

두 번째는 촉매로서의 역할을 담당하고 있는 이스라엘의 '요즈마 펀드Yozuma Fund'다. 중국 빅펀드의 한계를 극복할 영감은 이 모델에서 찾을 수 있다. 1993년에 출범한 요즈마 펀드의 핵심 전략은 정부가 직접 투자 대상을 선정하지 않고, 벤처 생태계 자체를 '설계'하는 데 있었다. 정부는 스타트업에 직접 투자하는 대신, 민간 VC에 출자하는 '모태

펀드Fund of Funds11'를 운용한다. 이는 민간의 전문성과 시장 원리를 시스템에 효과적으로 이식하는 영리한 접근이다. 요즈마 펀드의 성공을 이끈 핵심은 두 가지 독창적인 인센티브 구조에 있다.

첫째, 하방 위험 완화 메커니즘이다. 정부는 민간 VC와 공동으로 펀드를 조성하고, 펀드 운용에 실패해 손실이 발생할 경우 정부 출자금으로 그 손실을 먼저 흡수해 주는 안전장치를 마련했다. 즉, 민간 VC는 최악의 경우 자신들이 투자한 원금만 잃을 뿐, 정부의 투자금 손실분까지 책임질 필요가 없다. 실패에 대한 부담을 이처럼 획기적으로 낮춘 이 정책은, 당시 불모지나 다름없던 이스라엘 하이테크 벤처 시장으로 민간 자본을 끌어들이는 결정적인 유인책이 되었다.

둘째, 상방 수익 인센티브다. 이것이 요즈마 펀드의 가장 빛나는 지점이다. 정부는 성공적으로 펀드를 운용한 민간 VC에게 5년 후 미리 약정한 저렴한 가격으로 펀드의 정부 지분 전체를 사들일 수 있는 '콜옵션Call Option(미리 정한 가격과 수량으로 특정 자산을 매입할 수 있는 권리)'을 부여했다. 이러한 파격적인 조건은 민간 VC가 펀드의 수익률을 극대화하도록 강력한 동기를 부여했고, 이는 자연스레 시장성과 기술력에 대한 철저한 투자 심사로 이어졌다. 정부의 목표는 펀드 수익이 아니라 자생력 있는 벤처 생태계 육성이었기에, 성공이 확인되면 시장에서

---

11 개별 기업에 직접 투자하지 않고, 위험을 분산하고 안정적인 수익을 추구하는 '펀드에 투자하는 펀드'를 의미한다.

빠져나와 민간의 활력을 극대화하는 출구 전략을 처음부터 내장한 것이다.

요즈마 펀드는 정부 자금이 어떻게 민간의 효율성과 창의성을 촉진하는 '촉매제'가 될 수 있는지를 보여 준 가장 성공적인 사례다. 다만, 요즈마 펀드의 성공 이면에는 비판적인 시각도 존재한다. 강력한 인센티브 구조가 벤처캐피털과 스타트업 모두에게 단기적인 투자 회수 Exit를 지향하게 만들어, 10년 이상 긴 호흡이 필요한 딥테크 분야의 장기적이고 지속가능한 성장을 저해할 수 있다는 것이다. 이는 한국형 모델 설계 시 반드시 고려해야 할 지점이다.

세 번째로 다룰 자본 모델은 기술 심판 역할을 자임하는 '프라운호퍼Fraunhofer' 모델이다.

빅펀드나 요즈마 펀드가 '자본'의 문제에 집중하는 반면, 독일의 프라운호퍼 모델은 '기술'의 신뢰성 문제에 집중한다. 프라운호퍼는 펀드가 아닌 응용 연구개발기관으로, 그 운영 방식은 딥테크 하드웨어 투자의 위험을 줄이는 데 필수적인 '기술적 실사Technical Due Diligence[12]'를 위한 핵심 동력으로 기능한다.

프라운호퍼 모델의 핵심 메커니즘은 독특한 예산 구조에 있다. 예산은 정부 기본 지원금, 공공 프로젝트 수주, 그리고 민간 기업 위탁 연

---

[12] 투자나 인수합병 시, 대상 기업의 기술적 역량, 잠재력, 리스크 등을 심층적으로 평가하는 과정.

구 계약이 각각 약 3분의 1씩 차지한다. 가장 중요한 연결고리는 정부 지원금이 민간 계약 실적에 연동된다는 사실이다. 즉, 민간 기업으로부터 충분한 연구 계약을 따내지 못하면 다음 해 정부 지원금까지 삭감될 수 있다. 이 구조는 연구소가 항상 시장의 실제 수요에 부응하는 연구를 수행하도록 강제하는 강력한 자기 규제 시스템으로 작동한다.

또한 프라운호퍼는 금융 VC가 단독으로 수행하기 어려운 깊이 있는 '기술 검증'을 통해, 대규모 자본이 투입되기 전에 기술의 상업적 성공 가능성을 객관적으로 평가하고 보증함으로써, 투자의 실패 위험을 원천적으로 줄여 주는 역할을 한다. 더 나아가 '어헤드AHEAD'와 같은 내부 프로그램을 통해 유망 기술을 직접 스핀오프Spin-off 창업으로 연결하는 인큐베이팅 기능까지 수행하며, 기술 검증을 넘어 기술 사업화의 주체로 나선다.

표 15-1. 국가별 전략적 자본 모델 비교

구분	중국 빅펀드	이스라엘 요즈마 펀드	독일 프라운호퍼 모델
핵심 철학	국가 주도, 지정학적 임무(지휘관)	시장 친화적, 정부는 촉매제	기술 검증, 연구와 산업의 연결(기술 심판)
강점	압도적 규모와 속도, 시장 위험 제거	민간 전문성 활용, 효율적 인센티브 구조	기술적 리스크 제거, 응용 연구 전문성
약점	비효율, 부패, 정치적 투자 위험	대규모 기간산업 육성에는 한계 가능	직접적인 대규모 자금 조달 기능은 아님
대표 사례	SMIC 성장 지원 / HSMC 파산 사태	이스라엘 벤처 생태계 형성	바이오텍 등 다수 기술 창업 지원
시사점	장기적 인내 자본의 필요성	민간의 활력을 이끌어 내는 인센티브 설계	투자 전 기술적 타당성 검증의 중요성

3. 가디언 펀드, 그리고 150조 국민성장펀드의 방향성

앞서 분석한 모델들의 장점을 결합한 '한국형 인내 자본' 모델을 구축해야 한다. 즉, 중국의 장기적 비전, 이스라엘의 시장 친화적 인센티브, 그리고 독일의 기술적 엄밀성을 하나로 묶는 것이다. 이 책에서 제안하는 '가디언 펀드'가 기반으로 삼아야 할 핵심 철학이 바로 이것이다. 2025년 대한민국 정부가 발표한 150조 원 규모의 '국민성장펀드'는 바로 이러한 방향을 향한 첫걸음이라는 점에서 중대한 의미를 갖는다.

그러나 이 거대한 실험이 성공하기 위해서는 한 가지 결정적인 요소, 즉 '기술적 엄밀성'이 더 필요하다. 과거 '한국판 뉴딜펀드' 등 정책 펀드들이 조성액의 절반가량만 실제 투자에 사용하는 등 비효율을 보였던 전례를 반복하지 않으려면, 막대한 자금이 어디로 흘러갈지를 결정하는 과정에 대한 신뢰가 무엇보다 중요하다. 바로 이 지점에서 가디언 펀드의 핵심 철학, 즉 독일 프라운호퍼 모델의 '기술 검증 메커니즘'이 국민성장펀드의 운영 계획에 반드시 내장되어야 한다. 구체적인 청사진은 다음과 같다.

첫째 '국민성장펀드'는 정부가 직접 기업을 심사하는 것이 아니라, 엄격한 자격 심사를 통과한 민간 VC 운용사들을 파트너로 선정하여 자금을 배분하는 '모태펀드' 방식으로 운용해야 한다(요즈마 모델).

둘째, 다음과 같이 단계적인 투자 프로세스를 거쳐야 한다.

- **1단계: 요즈마 인센티브 적용** 정부는 선정된 민간 VC와 일대일 혹은 그 이상의 비율로 자금을 매칭하여 'K-소부장[13] 전문 자(子)펀드Feeder Fund[14]'들을 결성한다. 이때 민간 파트너에게는 요즈마 모델과 동일한 하방 위험 완화 및 상방 수익 콜 옵션 인센티브를 제공해, 최고의 민간 운용사들이 리스크가 큰 소부장 분야에 진입하도록 유도한다.

- **2단계: 프라운호퍼 모델 적용 의무화** 자펀드가 특정 기업에 일정 규모(예: 500억 원) 이상의 투자를 집행하고자 할 경우, 반드시 지정된 국책 연구기관(한국생산기술연구원, 한국기계연구원 등)으로부터 '기술 및 사업성 검증 보고서'를 받아 제출하도록 의무화한다. 이 보고서는 기술의 독창성 같은 단편적 평가를 넘어, 로봇 부품 생산을 위한 핵심 요소인 '기교(技巧)[15]'의 수준을 심층적으로 검증하는 데 초점을 맞춘다. 즉, 실제 양산 가능성, 신뢰성, 내구성, 그리고 공급망 안정성까지 포함하는 종합적인 평가를 통해 아이디어 차원을 넘어선 실질적인 사업화 역량을 증명하도록 강제하는 것이다.

셋째, 이러한 하이브리드 모델에는 빅펀드를 운용하는 과정에서 나타난 거버넌스 실패를 원천적으로 방지하는 안전핀이 달려 있다. '무

---

13 소재·부품·장비의 줄임말로, 반도체·디스플레이·자동차 등 첨단 제조업의 경쟁력을 좌우하는 중요한 요소로 여겨진다.
14 모태펀드의 투자를 받아 실제 운용되는 개별 펀드.
15 오랜 경험을 통해 축적한 기술력.

엇에what' 투자할 것인가에 대한 최종 결정권은 시장 수익률에 직접 책임을 지는 민간 VC가 행사한다. 그러나 의사결정을 하려면 먼저 '어떻게how' 성공할 것인가에 대한 국책 연구기관의 객관적인 기술 검증이라는 관문을 반드시 통과해야 한다. 역할과 책임을 명확히 분리함으로써, 자의적 판단의 위험을 제거하고 투자의 성공 가능성을 극대화하는 것이다.

이러한 설계는 단순한 기능의 조합을 넘어, 선순환을 창출하는 '생태계 공학Ecosystem Engineering16'에 가깝다.

먼저, 요즈마식 인센티브는 높은 리스크 때문에 소부장 투자를 기피했던 최상위 민간 자본과 자산 운용 전문가를 시장으로 유인하는 강력한 동력이 된다. 이렇게 시장에 진입한 자본은 프라운호퍼식 기술 검증을 통해 HSMC와 같은 부실 투자를 막는 '안전망'이자, 유망 기업의 기술 로드맵을 강화해 성공 확률을 높이는 '성장 촉진제'로 기능한다.

기술 리스크가 제거되고 성장 가능성이 검증된 우량 기업은 자연히 대기업의 인수합병이나 기업공개IPO로 이어질 가능성이 커지고, 민간 VC에게는 투자금은 물론 막대한 수익까지 안겨 줄 수 있다. 이들은 다시 그 자본과 성공 경험을 생태계에 재투자하게 되고, 마침내 정부의 초기 개입 없이도 시장이 스스로 성장하는 자생적 선순환 구조가 완성된다. 이는 요즈마 펀드가 그렸던 이상적인 모습이기도 하다.

결론적으로 가디언 펀드는 단순한 자금 공급원을 넘어, 대한민국 딥

---

16 모든 이해관계자에게 이익이 되도록 지속 가능한 생태계를 의도적으로 설계하고 만들어 가는 접근법.

테크 투자 생태계의 판을 바꾸는 핵심 인프라로 자리매김할 것이다.

'혁신 조립 라인' 구축: 판교-창원-평택 트라이앵글 활성화

1. 각기 따로 움직이는 슈퍼스타들

대한민국의 산업 지형은 판교(소프트웨어/AI), 창원(기계/중공업), 그리고 평택(반도체)이라는 세계적 수준의 역량을 갖춘 클러스터들을 보유하고 있음에도 불구하고, 이들이 마치 별개의 섬처럼 기능적으로 단절되어 있다는 구조적 문제를 안고 있다. 세계 최고의 엔진(평택의 반도체), 변속기(창원의 정밀기계), 그리고 자율주행 소프트웨어(판교의 AI)를 각각 보유하고 있음에도, 완성차를 만들 설계도와 조립 라인이 없는 것과 같다. 지리적 거리가 아닌, 산업 생태계 '설계의 부재'가 낳은 비효율이다. 이러한 구조적 문제 해결을 위해 벤치마킹할 만한 사례가 '대만 신주과학단지'와 '독일 인터스트리 4.0 클러스터'다.

대만 신주과학단지: '따로 또 같이'의 힘

대만 반도체 산업의 성공 비결은 정부 주도하에 설계된 '수직적 전문화 생태계'에 있다. 이는 공업기술연구원Industrial Technology Research Institute, ITRI을 구심점으로, 팹리스미디어텍, 파운드리TSMC, 후공정ASE 등 각 분야의 전문 기업들이 '따로' 성장하되, 대만 북서부에 위치한 신주과학단지新竹科學園區라는 클러스터 안에서 '같이' 협력하는 모델이다. 이러한 지리적 밀집과 유기적 분업 구조가 시너지를 극대화하며 대만을 세계 반도체 공급망의 핵심으로 만들었다.

대만 모델의 진정한 힘은 '기능적 통합'에서 나온다. 신주과학단지 내 전문 기업들이 지리적 인접성을 바탕으로 마치 하나의 회사처럼 유기적으로 움직이며, 설계부터 제품 완성까지 '원스톱 서비스'를 구현한 것이다. 그 결과 물류비용, 소통 비용, 그리고 제품 출시까지 걸리는 시간Time-to-market을 극적으로 단축시켰고, 다른 어떤 국가도 모방할 수 없는 경쟁 우위를 창출했다.

이는 한국의 '판교-평택-창원' 트라이앵글이 지향해야 할 모델을 명확히 보여 준다. 세 지역이 각자의 강점에 기반한 전문화를 통해 명확한 역할을 맡고, 이를 유기적으로 연결해야 한다. 즉, 판교는 'AI 알고리즘 두뇌'를, 평택은 'AI 반도체 및 센서 생산'을, 창원은 '로봇 본체 제작 및 실증'을 책임지는 한국판 기능적 통합을 이뤄 내야 한다.

독일 인더스트리 4.0 클러스터: 정부가 지휘하는 '관리형 네트워크'

독일 역시 '미텔슈탄트Mittelstand[17]'와 디지털 기술을 융합하는 과제에 직면했고, 그 해법으로 '관리형 네트워크Managed Network'를 제시했다. '플랫폼 인더스트리 4.0[18]'이나 'it's OWLIntelligente Technische Systeme OstWestfalenLippe[19]' 같은 클러스터가 대표적이다.

---

[17] 기술력과 전문성을 바탕으로 독일 경제의 중추를 담당하는 강소 중소·중견기업을 일컫는 용어.

[18] 독일의 제조업과 디지털 기술을 융합하여 4차 산업혁명을 선도하기 위한 국가 단위의 민관 협력 컨트롤 타워.

[19] 독일의 특정 공업 지역을 '지능형 기술'의 세계적인 선도 기지로 만들기 위한 민관 협력체.

이는 단순히 기업을 모아 놓은 단지를 넘어, 정부가 적극적으로 참여자 간의 협력을 설계하고 조율하는 시스템이다. 이 플랫폼은 대기업, 중소기업, 스타트업, 연구소(프라운호퍼) 등 이질적인 그룹이 함께하는 공동 R&D를 기획하고 자금을 지원한다. 이를 통해 개별 기업이 감당하기 힘든 혁신의 리스크를 분산시키는 '중립 지대'를 제공하는 것이다.

핵심 교훈은 이것이다. 정부는 단순히 클러스터를 지정하는 관람객이 아니라, 이종 기업 간의 시너지를 창출하는 '오케스트라의 지휘자'가 되어야 한다는 것이다.

2. 한국형 시너지를 위한 청사진

앞서 이야기한 교훈을 바탕으로, 판교-창원-평택 트라이앵글의 기능적 통합을 위해 다음과 같은 구체적인 메커니즘을 제안한다.

첫째, 가디언 펀드(국민성장펀드)를 활용해 통합을 유도하는 것이다. 펀드 자금의 일정 비율은 세 클러스터 중 최소 두 곳 이상의 기업으로 구성된 컨소시엄에 우선 투자하도록 의무화한다. 예를 들어, 판교의 AI 스타트업, 창원의 로봇 부품 기업, 평택의 센서 제조사가 공동으로 추진하는 '지능형 정밀 조립 로봇' 프로젝트에 자금을 집중하는 방식이다. 이는 금융 인센티브를 통해 파편화된 산업 생태계의 협력을 실질적으로 강제하는 가장 효과적인 수단이 될 것이다.

둘째, 미국 국방고등연구계획국DARPA이 '그랜드 챌린지'를 통해 자율주행 기술의 비약적 발전을 이끌었듯이, 정부는 '국가 제조혁신 챌린지'라는 이름의 플랫폼을 구축해야 한다. 그랜드 챌린지의 성공은 단순히 거액의 상금 때문이 아니었다. 명확하고 대담한 목표 제시, 다양한 커뮤니티 형성, 실패를 통한 학습과 반복, 이 세 가지가 핵심 성공 요인이었다. 자율주행차를 이용한 '142마일(약 228km) 사막 횡단'과 같은 불가능해 보이는 목표를 제시함으로써 기존의 틀을 깨는 혁신을 유도했고, 대학 연구팀, 스타트업, 일반인까지 참여하는 개방형 경쟁을 통해 새로운 아이디어와 인재의 용광로를 만들었다.

그 결과 2004년 대회 때는 한 대도 완주하지 못했지만, 실패를 통해 얻은 데이터와 교훈을 바탕으로 이듬해 대회에서는 다섯 대의 차량이 완주하는 값진 결실을 거두었다. 실패를 자산으로 삼는 반복적 접근이 혁신을 가속화한 것이다.

이러한 성공 요인을 벤치마킹하여, '국가 제조혁신 챌린지' 플랫폼에 LG에너지솔루션, 현대자동차, 삼성전자 등 국내 대표 제조업체들이 생산 현장에서 겪는 가장 어려운 자동화 난제들을 공개적으로 제시하게 해야 한다. 그런 후에는 전국의 AI 스타트업들이 이 문제 해결을 위한 경쟁에 참여할 수 있게 하고, 최종 우승팀에게는 정부의 시드Seed 투자금과 함께 해당 대기업의 실제 공장에서 솔루션을 검증하는 파일럿 프로젝트 참여 기회를 제공하는 것이다. 이는 AI 이론과 산업 현실 사이의 거대한 간극을 잇는 가장 확실한 통로가 될 것이다.

셋째는 데이터 및 인재 순환 프로그램을 마련하는 것이다. 정부 보조금을 통해 '교환 안식년'과 같은 프로그램을 신설하여 클러스터 간 인재 교류를 촉진한다. 예컨대 판교의 AI 엔지니어가 1년간 창원 공장에 상주하며 현장 데이터를 분석하고, 창원의 공정 전문가는 평택의 반도체 팹Fab에 파견되어 차세대 센서 개발에 참여하는 식이다. 원격 협업으로는 결코 얻을 수 없는 암묵적 지식을 교환하는 것이야말로 이 프로그램이 창출하게 될 가장 값진 자산이다.

이러한 메커니즘들이 겨냥하는 목표는 단순한 경제적 시너지를 넘어선다. 클러스터 간의 진정한 장벽은 지리적 거리가 아니라, 서로 다른 산업에 깊이 뿌리내린 '지식과 문화, 그리고 언어'의 격차, 즉 인식론적 단절Epistemological Disconnect이다.

'국가 제조혁신 챌린지'와 같은 플랫폼은, 이질적인 그룹이 함께 실제 문제를 해결하도록 유도하되, 특정 기업이나 집단의 이해관계에 치우치지 않는 '중립 지대'를 제공해야 한다. 이 과정에서 판교의 AI 엔지니어는 창원의 부품 기업과 협력하여 평택의 반도체 공장이 제시한 문제를 해결하며, 자연스럽게 AI의 언어와 제조업의 언어에 모두 능통한 '이중언어Bilingual' 엔지니어라는 새로운 인적 자본으로 성장하게 된다. 이들이야말로 대한민국 제조업의 미래를 이끌 핵심 동력이다.

기술 주권을 위한 '소버린 로보틱스 파운데이션 모델'

1. 미래 산업의 '운영체제'를 소유하라

피지컬 AI 경쟁의 무게중심이 하드웨어의 정교함에서 소프트웨어 플랫폼의 지능으로 빠르게 옮겨가고 있다. 구글의 RT-2나 엔비디아의 GR00T와 같은 범용 로봇 파운데이션 모델Robotics Foundation Model[20]

의 등장은 이 거대한 전환을 알리는 신호탄이다. 이 싸움은 과거 PC 시대의 운영체제OS를 마이크로소프트가, 모바일 시대의 OS를 구글과 애플이 장악했던 것과 본질적으로 동일한 형태의 패권 경쟁이다.

이러한 경쟁에서의 패배는 곧 기술적 종속을 의미한다. 대한민국이 아무리 세계 최고의 로봇 '몸체'를 만들어도, 그 '두뇌'는 외국 플랫폼의 통제를 받는 미래를 피할 수 없다. 이는 부가가치 중에서 대부분을 타인에게 내어 주는 저수익 '조립 생산자'의 운명을 영원히 벗어날 수 없음을 뜻한다.

따라서 다가오는 로봇 경제 시대에 기술 식민지로 전락하지 않기 위한 유일한 생존 전략은, '우리 고유의 로봇 운영체제'를 확보하는 것이다. 이것이 바로 '소버린 로보틱스 파운데이션 모델Sovereign Robotics Foundation Model', 즉 대한민국의 기술 주권이 영향을 미치며 동시에 그 주권을 보호할 수 있는 로봇 AI 모델을 국가 차원에서 개발해야 하는 이유다. 이는 더 이상 선택이 아닌 생존의 필수 조건이다.

2. '수동적 이행'에서 '능동적 인지'의 시대로

로봇 파운데이션 모델이 등장하면서 로봇 제어는 단순한 '명령에 따른 이행'의 차원을 넘어, 인간의 언어와 의도를 이해하는 '인지'의 영역으로 진입했다. 구글 RT-2Robotics Transformer 2와 엔비디아의 GR00T를 중심으로 그 의미를 조금 더 깊이 살펴보자.

---

20 다양한 유형의 로봇에 두루 적용할 수 있는 범용 AI 모델.

구글의 RT-2 모델의 핵심은 웹에서 수집한 방대한 이미지와 텍스트 데이터를 사전 학습한 '시각-언어 모델Vision-Language Model, VLM'을 로봇의 행동 데이터로 미세조정Fine-tuning하여 '시각-언어-행동 모델 Vision-Language-Action, VLA'로 진화시켰다는 점이다. 이를 통해 로봇은 "목이 마르니 음료 좀 가져와."와 같은 추상적이고 맥락적인 명령을 이해하고, 인터넷에 존재하는 방대한 상식을 물리적 행동으로 연결하는 추론 능력을 갖추게 되었다. 이는 로봇이 프로그래밍된 동작을 넘어, 스스로 판단하고 행동하는 시대로 진입하고 있음을 의미한다.

또 다른 예로 엔비디아의 GR00T 모델의 목표는 특정 로봇을 위한 솔루션을 넘어, 모든 종류의 휴머노이드에 적용 가능한 '범용' 표준을 확립하는 데 있다. 이를 위해 엔비디아는 자사의 강력한 시뮬레이션 플랫폼 '옴니버스Omniverse'를 무기로 삼는다. 이 가상 세계 안에서 방대한 양의 합성 데이터Synthetic Data[21]를 생성하고, 이를 모델 훈련에 적극적으로 활용하는 전략을 구사하는 것이다. 이는 시뮬레이션 환경(Issac Sim)부터 파운데이션 모델(GR00T), 그리고 로봇이 현장에서 데이터를 수집하고 즉시 AI로 판단을 내릴 수 있도록 돕는 소형 고성능 컴퓨터(Jetson)에 이르기까지 주된 구성 요소를 수직적으로 통합하고 직접 관리하겠다는 의지의 발로다. 이 전략의 최종 목표는 명확하다. 과거 마이크로소프트와 애플이 운영체제로 시장을 장악한 것처럼, 강력한 플랫폼 종속 효과를 통해 미래 로봇 시장의 규칙 자체를 지배하

---

21 실제 데이터를 모방하여 인공적으로 생성한 데이터.

겠다는 것이다.

3. 개방형 플랫폼의 전략적 가치: 리눅스와 안드로이드의 교훈

그렇다면 구글이나 엔비디아와 같은 거대 플랫폼 기업이 부재한 대한민국은 이와 같은 패권 경쟁에서 어떤 길을 선택해야 할까? 독자적인 플랫폼으로 이들과 정면 대결을 벌이는 것은 승산 없는 싸움이다. 역사는 우리에게 더 현명한 길을 제시한다. 바로 리눅스Linux와 안드로이드Android가 증명한 '개방형 플랫폼' 전략이다. 리눅스와 안드로이드는 특정 기업의 이익을 대변하지 않는 중립적이고 고품질의 플랫폼을 무료로 제공함으로써, 삼성전자나 LG전자 같은 수많은 하드웨어 제조사와 전 세계 개발자들이 자유롭게 꿈을 펼칠 수 있는 거대한 토양을 선사했다. 이렇게 분산되고 집단적인 혁신은 윈도우 모바일과 같은 폐쇄형 시스템이 도저히 따라잡을 수 없는 강력한 네트워크 효과를 창출했다.

이러한 이야기가 보여 주는 역사적 교훈은 명확하다. 대한민국이 개발할 '소버린 로보틱스 파운데이션 모델'은 국가 차원의 오픈소스 프로젝트로 추진되어야만 한다. 이는 우리의 약점(단일 거대 플랫폼 기업의 부재)을 강점(다양하고 역동적인 산업 생태계)으로 전환하는 비대칭 전략이다.

대한민국은 이미 세계적 수준의 파운데이션 모델을 보유하고 있다. 정부의 역할은 제3의 모델을 개발하는 데 자원을 투입하는 것이 아니라, 기존의 강력한 민간 자산들을 국가적 플랫폼으로 엮어 내는 '생태계 설계자'가 되는 것이다. 여러 파운데이션 모델 중에서 가장 대표적인 것은 LG AI연구원의 '엑사원EXAONE'과 네이버의 '하이퍼클로바 XHyperCLOVA X'다.

'엑사원'은 국내 최초로 '하이브리드 AI' 아키텍처를 구현하여, 지식 기반의 빠른 답변 능력과 논리적 추론 능력을 통합했다. 특히 연구 및 학술 목적으로 가중치를 공개하는 '오픈 웨이트Open Weight' 모델을 제공하여 학계 및 연구 생태계와의 연계에 강점을 가진다. 한편, '하이퍼클로바 X'는 한국어와 한국 문화에 대한 깊이 있는 이해를 바탕으로 강력한 성능을 보여 주며, 멀티 모달 추론 능력까지 갖추고 있다. 특히 경량화 모델인 'SEED'를 상업적 활용이 가능한 MIT 라이선스[22]로 공개하여 국내 중소·벤처기업의 AI 도입 장벽을 낮추는 데 기여하고 있다.

이 두 모델은 각기 다른 강점과 라이선스 전략을 가지고 있다. 따라서 국가 주도 오픈소스 프로젝트의 핵심 과제는 이들의 기술적 강점을 통합하고, 서로 다른 라이선스 정책을 조율하여 모든 참여자가 상생할 수 있는 표준 API와 거버넌스를 구축하는 것이다. 정부는 이를 위한 중립적인 협의체를 구성하고, 참여 기업들에게는 세제 혜택, R&D 자금 지원, 공공 데이터 접근권 등의 인센티브를 제공해야 한다. 이는 중복 투자를 막고, 대한민국 최고의 AI 역량을 국가적 자산으로 결집시

---

[22] MIT에서 최초로 창안한 라이선스 방식으로, 소스 코드를 공개하는 한 누구나 상업적 활용을 포함한 거의 모든 행위를 제한 없이 할 수 있도록 허용하는 것을 골자로 한다.

키는 가장 효율적이고 현실적인 경로다.

　이러한 이니서티브는 궁극적으로 다음과 같은 전략적 이점을 가져다 줄 것이다. 첫째는 기술 주권의 확보다. 삼성, 현대, 네이버를 포함한 대한민국 산업 생태계 전체가 특정 해외 기업의 독점 플랫폼에 종속되는 최악의 시나리오를 방지하는 방어막이다. 우리 손으로 만든 개방형 플랫폼 위에서 기술의 미래를 스스로 결정할 수 있는 최소한의 주권을 확보하는 것이다.

　둘째는 국가적 혁신의 가속화다. 국가가 제공하는 강력한 파운데이션 모델은 국내 모든 기업과 연구소의 AI 애플리케이션 개발 진입 장벽을 획기적으로 낮추는 기반 인프라 역할을 한다. 개별 기업이 막대한 자원을 투입해 기초 모델을 개발하는 중복 투자를 막고, 이미 검증된 토대 위에서 각자의 독창적인 서비스를 신속하게 구현하는 데만 집중하도록 만들어 혁신의 속도를 극대화한다.

　셋째는 산업 생태계의 동반 성장이다. 대한민국의 진정한 강점은 강력하고 다양한 하드웨어 및 소프트웨어 기업 생태계 그 자체에 있다. 개방형 모델은 이들 모두가 국가의 자산을 업그레이드하는 데 공동으로 기여하고, 이를 통해 수확하는 과실을 나눠 가질 수 있게 하는 '상생의 구심점'으로서 역할을 하게 될 것이다. 이는 대기업과 스타트업이 상호보완적으로 성장하며 경제 전체의 파이를 키우는 가장 효과적인 방법이다.

대한민국 기업과 스타트업을 위한 제언

국가적 대전략은 결국 민간 기업의 역동적인 실행을 통해 비로소 현실이 된다. 이제부터는 대한민국 기업들이 각자의 위치에서 어떻게 생존 전략을 짜고 협력해야 하는지에 대한 구체적인 청사진을 제시하고자 한다.

대기업: '국가대표'로서의 역할 재정의

14장에서 언급했듯, 삼성의 레인보우로보틱스 인수나 현대자동차의 보스턴 다이내믹스 인수는 매우 고무적인 움직임이다. 그러나 그 동기가 당장의 생존을 위한 방어적 조치에 머물러서는 안 된다. 중국이 DJI나 유비테크 같은 '국가대표'를 내세워 특정 영역의 글로벌 지배를 노리는 것처럼, 우리 대기업들 역시 개별 기업의 이익을 넘어 국가 생태계 전체를 이끄는 사실상의 '국가대표'로서 지금보다 더 적극적으로 나서야 한다.

삼성전자와 SK하이닉스는 단순히 반도체 공장에 로봇을 활용하는 것을 넘어, 각자의 세계 1위 반도체 역량을 국내 로봇 기업의 역량과 융합해야 한다. 이를 위해 '로봇용 고성능 AI 칩과 HBM 같은 최첨단 메모리 솔루션', 그리고 '핵심 센서와 소프트웨어 개발 키트SDK, Software Development Kit'를 아우르는 통합 플랫폼을 직접 설계하고 생산해야 한다. 이는 단순히 부품을 파는 것을 넘어, 국내 로봇 산업 전체에 강력한 '두뇌(AI 칩)'와 '신경망(메모리·센서)'을 공급하는 진정한 '설계자'로 거듭나는 길이다.

현대자동차그룹은 보스턴 다이내믹스의 휴머노이드 로봇 '아틀라스'를 단순한 홍보용 자산을 넘어, 그룹의 미래를 결정할 핵심 전략 자산으로 전환해야 한다. 발표된 계획대로 조지아 신공장과 같은 자사의 스마트 팩토리 및 물류 현장에 아틀라스를 공격적으로 배치하여, 세계 최초의 휴머노이드 기반 산업 자동화 사례를 만들어야 한다. 이는 단순히 자사의 생산성을 높이는 것을 넘어, 유비테크가 중국 전기차 공장을 파고드는 전략에 정면으로 맞서는 가장 강력한 대응이 될 것이다.

대한민국에는 정상급 AI 역량을 보유한 기업들이 다수이지만, 서로 시너지를 내지는 못하고 있다. LG AI연구원, LG CNS, 네이버와 같은 선두 기업들은 각자의 강점을 바탕으로 '개방형 AI 혁신 플랫폼'을 구축하는 데 힘을 모아야 한다.

예를 들어, 국가 AI 생태계의 발전을 위해 LG AI연구원이 산업과 과학 분야 전문 지식 기반의 'B2B 서비스 전용 AI 두뇌'를, 네이버가 '대국민 서비스 전용 AI 두뇌'를 제공하며, LG CNS가 이 두 가지 강력한 AI 모델을 현장의 상황에 최적화된 형태로 통합하고 적용하는 식의 협력 모델을 생각해 볼 수 있다. 이들의 핵심 AI 역량이 특정 기업의 전유물이 아닌, 수많은 중소·벤처기업이 자유롭게 활용할 수 있는 공공재적 인프라로 전환될 때, 비로소 대한민국의 AI 생태계는 기술 종속을 넘어 상생의 길로 나아갈 수 있다.

소부장 '히든 챔피언': 컨소시엄을 통한 성장 에너지 응축

로봇의 핵심 부품인 정밀 감속기의 대일對日 의존도가 80%를 넘는 현실은 개별 중소·중견기업의 힘만으로 넘을 수 없는 벽이다. 일본의 나브테스코, 하모닉 드라이브 시스템즈 등 세계 시장의 70% 이상을 과점하고 있는 기업들은 이미 수십 년간 관련 기술을 축적해 왔기 때문이다.

그러나 이 문제의 본질은 단순히 기술 격차에만 있지 않다. 대한민국에는 이미 에스피지SPG, 에스비비테크SBB Tech와 같이 하모닉 감속기 국산화에 성공하여 삼성전자의 자회사인 레인보우로보틱스 등에 납품하고 있는 강력한 '히든 챔피언'들이 존재한다. 진짜 문제는 '시장의 불신'과 이로 인한 '협소한 내수 시장'이다.

역사는 이러한 난제를 어떻게 극복해야 하는지에 대한 해답을 이미 보여 주었다. 1980년대 일본에 맞서 미국 반도체 산업을 부활시킨 '세마테크SEMATECH, Semiconductor Manufacturing Technology' 컨소시엄처럼, 산업 전체의 발전에 필수적인 핵심 기반 기술을 공동으로 개발하고 표준화하며 신뢰성을 상호 검증하는 R&D 협력체, 가칭 'K-로보틱스 얼라이언스'를 구성하는 것이 유일한 해법이다.

이 얼라이언스는 정부의 장기 R&D 펀드(가디언 펀드)로부터 집중 지원을 받아야 한다. 이를 통해 참여 기업들은 개발 리스크와 막대한 투자 비용을 분산하고, 대학 및 연구소와 협력해 핵심 원천 특허를 공동으로 확보하는 데 집중할 수 있다. 더 중요한 것은, 이와 같은 얼라이언스가 국내 부품의 성능을 객관적으로 벤치마킹하고 인증하는 '공인 시험대' 역할을 수행하여, 국내 수요 대기업들의 막연한 불신을 해소하고 국산 부품 채택을 유도하는 것이다. 이는 각개전투라는 소모전을 멈추고 '하나의 팀'으로서 기술 종속의 고리를 끊어내는, 이미 검증된 승리 전략이다.

AI 스타트업: 황금기와 죽음의 계곡 사이에서 길을 묻다

한국의 스타트업 생태계는 언뜻 보면 역설적인 풍경을 연출한다. 한편에서는 뜨거운 열기가 느껴진다. 2025년 들어 로봇 분야 스타트업에 대한 투자는 급증하며 2021년의 최고치에 육박하고 있다. 특히 에이로봇A Robot(100억 원), 로브로스ROBROS(40억 원) 같은 휴머노이드 로봇 스타트업들이 상당한 규모의 초기 투자를 유치하며 시장의 기대를 한 몸에 받고 있다.

하지만 다른 한편에서는 냉기가 감돈다. 한국 로봇 산업의 전체 성장률은 1.4% 수준으로 글로벌 시장에 비해 매우 저조하다. 스타트업 생태계 전반의 분위기는 '혹한기'를 넘어 '빙하기'라는 표현까지 등장할 정도로 전례 없는 위기에 직면해 있다. 그렇다면 이러한 질문을 던지지 않을 수 없다. 왜 이처럼 뜨거운 기대 속에서도, 시스템 전체의 성장은 더딘 것일까? 이는 스타트업들이 건너야 할 '죽음의 계곡' 때문이다. 수많은 창업가가 이 계곡이 얼마나 험한지를 생생히 증언한다.

- **현실과의 격차** Reality Gap 연구실에서 완벽하게 작동하던 기술도 예측 불가능한 실제 현장에서는 무용지물이 되기 십상이다. 일례로 자율주행 로봇 서비스 기업인 뉴빌리티Neubility의 이상민 대표는 "가상현실에서 로봇을 훈련하는 것도 중요하지만 실제 환경에서 수집한 데이터가 더 필요하다."라고 강조한다. 실험실과 현실 사이의 거대한 간극을 메우는 데는 막대한 시간과 데이터, 그리고 자본이 필요하지만, 대부분의 스타트업은 그 과정을 버텨 낼 여력이 없다.

- **자금 절벽** Funding Chasm 특히 딥테크와 하드웨어 스타트업은 긴 개발 및 양산 기간 때문에 단기 수익을 추구하는 VC들로부터 외면받기 일쑤다. 한 반도체 스타트업 대표는 국내 VC들 사이에서 해외 딥테크 스타트업을 숭상하는 '기술 사대주의'가 팽배한 상황이라고 토로하기도 했다. 해외에서는 딥테크 스타트업이 대규모 투자를 받으며 성장하는 경우가 많지만, 국내에서는 그런 사례를 찾기 어렵다는 지적도 나온다.

- **규제의 미로** Regulatory Maze 현행 제도는 창업 초기 적자가 불가피한 국내 딥테크 기업에게 '이중의 족쇄'로 작용할 수 있다. 첫째, 정부 주도 R&D 사업 중 상당수가 '자본 잠식'이나 '1,000% 이상의 부채비율'을 참여 제한 기준으로 두고 있다. 이는 스타트업의 자금줄을 철저히 차단한다. 둘째, 투자자 보호를 위해 '3년 연속 영업손실'을 기록한 상장사는 증권선물위원회가 감사인을 지정하도록 강제하고 있다. 이는 딥테크 기업에게 경영 부담을 가중시킨다. 더 큰 문제는 이러한 모습이 투자자들의 불안감을 키운다는 점이다. 한편, 모 스타트업의 대표

는 언론과의 인터뷰에서 이렇게 하소연했다. "외국인 투자자가 한국 증권계좌를 만들려면 6개월이 걸립니다. 서류를 50장 이상 내야 하고, 홍콩에 있던 투자자가 직접 서울까지 와서 서류를 작성해야 했어요. 누가 이렇게까지 하면서 한국에 투자하겠습니까?" 그 밖에도 '합성 데이터' 같은 신기술이 법적 정의가 불분명해 사업화에 애를 먹는 사례도 비일비재하다.

- **창업가의 고독** 이 모든 과정은 창업가 개인에게 엄청난 희생을 강요한다. 한 창업가는 인터뷰에서 이렇게 반문했다. "창업을 위해 희생한 것들이 의미 있었던 건지 의심될 때가 많거든요. 친구나 사랑하는 사람들과 보낼 시간을 포기할 만한 가치가 있는가? 건강을 심하게 해칠 가치가 있는가?" 또 다른 대표는 "자기 자신의 사업과 기술에 대한 확신과 믿음, 다른 사람을 설득할 수 있는 그 믿음이 굉장히 중요하다."라고 말하며, 극심한 자금난과 외부 환경 변화에 굴하지 않고 창업가 스스로 중심을 잡고 나아가는 것이 얼마나 어려운지를 이야기했다.

이 험난한 죽음의 계곡을 건너기 위한 가장 유력한 동아줄은 바로 대기업과의 협력, 즉 '오픈 이노베이션'이다. 실제로 현대자동차그룹은 '제로원ZER01NE' 같은 플랫폼을 통해 190여 개 스타트업과 협업 프로젝트를 진행했고, 삼성전자의 'C랩C-Lab'은 성공적인 창업의 산실이 되고 있다. 하지만 이 동아줄은 때로 스타트업의 목을 조르는 올가미가 되기도 한다.

- **파일럿의 덫**Pilot Trap 대기업들이 실질적인 계약으로 이어지지 않는 파일럿 프로젝트Proof of Concept, PoC만 반복하며 스타트업의 귀중한 시간과 자원을 소모하는 경우가 비일비재하다.

- **기술 탈취의 그림자** 오픈 이노베이션을 명분으로 접근한 대기업이 스타트업의 아이디어나 기술을 탈취했다는 분쟁은 끊이지 않고 있다.

- **문화적 충돌** 보여 주기식 오픈 이노베이션은 근본적인 한계를 가질 수밖에 없다. 스타트업의 빠른 의사결정 방식과 대기업의 경직된 보고 체계, 리스크를 회피하려는 조직 문화는 근본적으로 충돌한다. 많은 스타트업이 대기업과의 협업 과정에서 진정한 파트너로 존중받기보다, 하청업체처럼 취급받는 경우가 많다고 토로한다.

결국 현재의 오픈 이노베이션 모델은 대기업의 선의에 지나치게 의존하는 구조적 한계를 가진다. 이 문제를 해결하기 위해 정부는 새로운 협력 모델을 도입하고 인센티브를 제공해야 한다. '성과 연동형 계약Performance-Based Contract' 모델이 대표적인 대안이 될 수 있다. 이 모델에서는 정부나 제3의 중개기관이 스타트업의 PoC 비용 중 일부를 먼저 지원하고, 대기업은 사전에 합의된 핵심 성과 지표KPI가 달성되었을 때만 후속 비용과 정식 계약을 집행한다.

이는 스타트업에게는 초기 비용 부담을 덜어 주고, 대기업에게는 기술 도입의 실패 리스크를 줄여 준다. 무엇보다 양측의 목표를 '성공적인 사업화'라는 하나의 지점으로 일치시켜, 단순한 PoC만 반복하는 데 따른 심리적, 금전적 소모를 막고 진정한 파트너십을 유도할 수 있다. 정부는 이러한 계약 모델을 채택하는 대기업에게 세제 혜택이나 R&D 자금을 지원함으로써, 건강한 오픈 이노베이션 생태계의 확산을 촉진해야 한다.

거울을 넘어, 호랑이의 길을 가다

결국 모든 문제는 '설계자'가 될 것인가, 아니면 '조립 생산자'에 머무를 것인가라는 하나의 질문으로 수렴된다. 치열한 기술 패권 경쟁 속에서 대한민국은 지금 생존을 위한 중대한 기로에 서 있다.

중요한 것은 거룡의 길을 맹목적으로 추종하는 것이 답이 될 수 없다는 점이다. 호랑이는 호랑이만의 방식으로 싸워야 한다. 중국의 '규모'와 국가 주도 모델을 그대로 흉내 낼 수는 없으며, 그래서도 안 된다. 대신 대한민국의 진정한 강점인 민첩성, 고품질 제조 역량, 그리고 역동적인 민간의 리더십을 '기술 주권 확보'라는 통일된 국가적 목표 아래 결집시켜야 한다.

이를 위해 파편화된 계획을 넘어선 통일된 국가 서사('K-피지컬 AI 2035')를 만들어야 한다. 장기적 비전과 시장 친화적 인센티브, 기술적 엄밀성을 결합한 '한국형 인내 자본'을 설계하고, '국가 제조혁신 챌린지'를 통해 산업 클러스터 간의 벽을 허물어 디지털과 물리 세계를 아우르는 '이중언어형 엔지니어'를 길러내야 한다. 또한, 우리의 강력한 민간 AI 자산을 엮어 개방형 국가 플랫폼을 구축하고, 대기업과 스

표 15-2. 대한민국의 생존과 패권을 위한 필수 과제

필수 과제	주무 부처 (안)	핵심 성과 지표^{KPI} 예시
'K-피지컬 AI 2035' 대전략 수립	대통령실, 국가안보실	• '기술 주권' 중심의 통일된 국가 전략 보고서 발간 • 범부처 TF 구성 및 예산 배정
핵심 부품 '가디언 펀드' 조성	산업통상자원부, 금융위원회	• 10조 원 규모 펀드 조성 완료 및 1호 투자 집행 • 민간 공동투자 비율(예: 50% 이상), 클러스터 연계 컨소시엄 투자 의무 비율 달성
소버린 로보틱스 파운데이션 모델 개발	과학기술정보통신부, 산업통상자원부	• 오픈소스 모델 공개 및 성능 벤치마크 달성 • API 호출 수 및 생태계 참여 기업 수 • 국내 주요 로봇 기업의 채택률
소부장 기술자립 'K-로보틱스 얼라이언스' 구축	과학기술정보통신부, 산업통상자원부	• R&D 컨소시엄 공식 출범 및 참여 기업 수 • 공동 개발 핵심 원천 특허 확보 건수 • 정밀 감속기 등 핵심 부품 국산화율 (예: 80% 달성)
'국가 제조혁신 챌린지' 플랫폼 운영	과학기술정보통신부, 산업통상자원부	• 플랫폼 참여 대기업 수 및 공개된 산업 난제 수 • 스타트업-대기업 파일럿 프로젝트 연계 건수 • 최종 상용화 성공 및 후속 투자 유치 사례 건수
클러스터 간 '인재 순환 프로그램' 운영	고용노동부, 산업통상자원부	• '교환 안식년' 등 프로그램 참여 인력 수 • 참여 기업 및 인력의 만족도 및 기술 교류 성과 • 프로그램 종료 후 클러스터 간 공동 창업 또는 채용 건수

타트업이 상생할 수 있는 새로운 협력 모델을 제도적으로 뒷받침해야 한다.

　과거의 성공 방정식에 안주하며 AI 시대의 '기술 식민지'로 전락할 것인가, 아니면 뼈아픈 자기 파괴와 혁신을 바탕으로 '피지컬 AI 기술 종주국' 대열에 들어설 것인가. 앞으로의 10년이 대한민국의 운명을 결정할 것이다.

에필로그

사다리를 오르는 자, 사다리를 만드는 자

　장하준 교수가 그의 기념비적인 저서 『사다리 걷어차기』에서 그려낸 풍경은 오늘날 우리에게도 기시감을 불러일으킨다. 먼저 산업화의 고지에 도달한 선진국들이, 자신들이 딛고 올라온 '보호무역'과 '국가 개입'이라는 사다리를 슬그머니 감추는 모습 말이다. 그러고는 후발 주자들에게 자유 무역과 시장의 '보이지 않는 손'이라는 전혀 다른 규칙을 '공정한 원칙'이라며 강요한다.

　21세기의 기술 패권 경쟁에서도 이 오래된 전략은 반복되고 있다. 다만 그 방식이 더 노골적이고 정교해졌다. 과거의 관세 장벽이 수행하던 역할은 이제 첨단 반도체 장비와 AI 칩에 대한 수출 통제라는 형태로 진화했다. 단순히 경쟁자를 견제하는 차원을 넘어, 후발 주자가 새로운 길을 개척하는 것 자체를 원천 봉쇄하려는 시도다. 미국이 중국을 옥죄는 방식이 정확히 그러하다.

하지만 이 책을 관통하며 우리가 목격한 진실은, 이러한 압박이 무력해지는 새로운 시대의 규칙이다. 인공지능, 그중에서도 피지컬 AI는 애초에 시장의 '보이지 않는 손'만으로는 빚어 낼 수 없는 영역이기 때문이다.

기계는 홀로 움직이지 않는다. 피지컬 AI 역시 막대한 자본, 견고한 반도체 인프라, 그리고 기계공학과 소프트웨어를 잇는 고도의 이종 산업 간 결합을 전제로 한다. 이는 단기적 효율을 좇는 시장 논리로는 감당하기 어려운, 길고 거대한 시스템의 총력전을 요구한다. 결국 이 게임의 승패는 시장의 효율성이 아닌, 흔들림 없는 '국가적 의지'가 결정하는 전장에 있다.

중국은 이 냉혹한 현실을 10년 앞서 간파했다. 누군가 사다리를 걷어찰 것을 예감하고, 남의 사다리를 빌리는 대신 아예 '사다리 제작소' 자체를 짓기로 결심했다.

이 책에서 우리는 그 제작소의 거대한 위용을 확인했다. '국가'라는 이름의 CEO가 베이징의 두뇌, 상하이의 근육, 선전의 하드웨어 생산 라인을 하나의 거대한 '혁신 조립 라인'으로 지휘하는 풍경을 보았다. 또한 '국가'라는 VC가 천문학적인 '인내 자본'을 투입해 민간이 감당할 수 없는 실패의 위험을 대신 짊어지는 방식, 그리고 14억 인구의 도시 전체를 '살아 있는 실험실'로 삼아 기계의 지능을 단련시키는 과정까지 말이다.

그들은 이미 자신들만의 사다리를 놓고 상당한 높이에 도달했다. 미국의 제재는 오히려 그들의 사다리를 더 견고하고 독자적인 방향으로 밀어 올리는 촉매제가 되었을 뿐이다. 그렇다면 중국의 이 기나긴 여정이 우리에게 던지는 질문은 무엇인가.

이 책이 중국의 AI 굴기를 다루고 있지만, 우리가 반드시 읽어 내야 할 것은 특정 경쟁자에 대한 분석을 넘어선다. '게임의 규칙'이 근본적으로 변했다는 냉엄한 현실 인식이 필요한 때다. 중국은 국가적 의지를 통해 새로운 산업 생태계 전체를 창조할 수 있음을 증명해 보였다.

이것이 우리에게 주는 경각심의 실체다. 우리가 이 새로운 규칙에 맞춰 전열을 가다듬지 않는다면, 제2, 제3의 중국은 계속해서 등장할 것이다. 과거 우리의 성공 방정식이었던 '빠른 추격자' 모델은 유효기간이 다했다. 남이 만든 사다리를 재빨리 뒤쫓아 오르는 시대는 저물었다는 뜻이다.

이제는 '성실한 실행자'에 머무를 것인지, 아니면 '새 판을 짜는 자'가 될 것인지 선택해야 한다. 우리는 세계 최고 수준의 제조업 기반과 반도체, 배터리라는 강력한 무기를 모두 손에 쥐고 있다. 하지만 이 모든 구슬을 꿰어 낼 설계도와 그것을 밀어붙일 강력한 의지가 없다면, 그저 남이 설계한 것을 가장 완벽하게 구현해 주는 '최첨단 조립 기지'에 머무를 위험이 크다.

우리는 지난 반세기 동안 누구보다 성실하게 사다리를 올랐다. 이제는 다음 세대가 오를 사다리를 직접 설계하고 만들어야 할 시간이다.

저자 박종성

참고 문헌

프롤로그. 스크린 밖에서 시작된 진짜 전쟁

- Swartz, J. (2025, January 6). NVIDIA CEO Huang gets physical AI at CES. *Techstrong. AI*.
- The Feed. (2025, March 25). What is the secret behind Jensen Huang's black leather jackets? Here's how much they cost and who is his inspiration. *The Economic Times*.
- Pieter Werner (2025, January 7). CES: NVIDIA CEO Jensen Huang on AI and robotics in keynote. *RockingRobots*.
- 이현주. (2024, December 31). 국내 대표 로봇 기업 품은 삼성전자, 미래 로봇 사업 속도. 뉴시스.
- 윤상호. (2024, January 12). 로봇, 공장에서 가정으로… 건강·교육·육아·가사 도우미 경쟁 '점화'. 디일렉.
- Backgrounder. (2018, June). Made in China Institute for Security & Development Policy.
- Milmo, D. (2021, December 8). TechScape: how China became an AI superpower ready to take on the United States. *The Guardian*.

- Xinhua. (2024, October 11). China pools efforts to fuel development of embodied AI robotics. *The State Council of the People's Republic of China*.
- Artificial Analysis. (n.d.). DeepSeek: Models Intelligence, Performance & Price.
- TOI Tech Desk. (2025, September 19). China's DeepSeek that 'shocked' America and US technology companies reveals cost of training AI mode, R1 at $294,000. *The Times of India*.
- Infante, M. J. (2025, January 31). Microsoft investigates DeepSeek for alleged misuse of OpenAI API. *B2B News*.
- Power, J. (2025, January 28). What's DeepSeek, China's AI startup sending shockwaves through global tech? *Al Jazeera*.
- Cortese, AJ. (2020, June 22). From classmates to co-founders, Chinese AI champion Megvii started on campus. *KrASIA*.
- Pony.ai. (n.d.). Management team.
- Wikipedia. (n.d.). China Integrated Circuit Industry Investment Fund.

PART 1. 철저히 준비된 각본

CHAPTER 1. 스크린 밖으로 걸어나온 AI

- Wessling, Brianna. (2024, June 5). Chinese automaker to use UBTECH humanoid. *The Robot Report*.
- Kang, L. (2025, July 17). UBTech shows how its humanoid robot can work 24/7 with autonomous battery swap. *CnEVPost*.

- Monika. (2025, August 21). Apollo Go completes 2.2 million fully driverless rides in Q2 2025, up 148% YoY. *Gasgoo*.
- Tech in Asia. (2025, August 21). Baidu's Apollo Go hits 14 million public rides.
- Flydrops. (n.d.). Spot Spraying with Drones: Using Technology to cut Herbicide Use in Half.
- Automate Team. (2025, May 8). NVIDIA on what Physical AI means for robotics. *Automate*.
- ZK Research. (2025, August 8). NVIDIA: Let's get physical with AI.
- Michael, S. (2025, May 23). Sensing, Planning, and Acting: The path to building intelligent robotic systems. *Medium*.
- Srivastava, A. (2019, February). Sense-Plan-Act in robotic applications. *University of Hamburg*.
- Kelly, Aliza. (2025, March). Digital twin for robotics: Enhancing robot training with virtual environments. *Euphoria XR*.
- Sutton, R. S., & Barto, A. G. (2018). Reinforcement learning: An introduction (2nd ed.). *The MIT Press*.
- Sebastian, T. (2025, March 24). NVIDIA & Physical AI. *Medium*.
- The Economist. (2017, May 6). The world's most valuable resource is no longer oil, but data.

CHAPTER 2. 치밀하게 설계된 스푸트니크 모멘트

- CBM Press. (2017, May 25). 커제 9단, "알파고는 바둑의 신".
- 김동윤. (2017, May 23). 중국 현지선 대국 생중계 안 돼 '논란'. 한국경제.

- Lee, Kaifu. (2018). AI Superpowers: China, Silicon Valley, and the New World Order. *Houghton Mifflin Harcourt*.
- 배준호. (2017, JULY 21). 중국, 바둑 제왕 '알파고'에 자극… "2030년 AI 글로벌 리더 되겠다". 이투데이.
- Allen, G. C. (2019). Understanding China's AI strategy. *Center for a New American Security*.
- Sheehan, M. (2018, February 12). How China's Massive AI Plan Actually Works. *Marco Polo*.
- KOTRA. (2016. June). 중국의 '13차 5개년 계획' 경제 분야 정책 내용과 시사점.
- European Parliament. (2021). China's ambitions in artificial intelligence.
- Webster, Graham. (2018, October). Full Translation: China's 'New Generation Artificial Intelligence Development Plan' (2017). *Stanford University*.

CHAPTER 3. 피지컬 AI 패권을 향한 거대한 설계도

- 배준호. (2017, JULY 21). 중국, 바둑 제왕 '알파고'에 자극… "2030년 AI 글로벌 리더 되겠다". 이투데이.
- Kennedy, Scott. (2015, June 1). Made in China 2025. *Center for Strategic & International Studies*.
- U.S. Chamber of Commerce. (2025, May 5). Was Made in China 2025 Successful?: Prepared for the US Chamber of Commerce. *Rhodium Group*.
- Wübbeke, J., Meissner, M., Zenglein, M. J., Ives, J., & Conrad, B. (2016, December). Made in China 2025: The making of a high-tech superpower and consequences for industrial countries. *Mercator Institute for China Studies*.
- MIR DATABANK. (2025). 2024 China Industrial Robot Market:

- Reshuffling Accelerated - Chinese Manufacturers Captured 52.3% Market Share.
- International Federation of Robotics. (2024, November 20). World Robotics 2024.
- The State Council of the People's Republic of China. (2017, July 20). 国务院印发《新一代人工智能发展规划的通知》.
- NIA. (2017, September 29). 중국의 인공지능(AI) 전략: '차세대 인공지능 발전 계획'을 중심으로.
- Allen, G. C. & Goldston, Isaac. (2025, March 14). Understanding U.S. Allies' Current Legal Authority to Implement AI and Semiconductor Export Controls. *Center for Strategic & International Studies*.
- Xinhua News Agency. (2025, March 7). "具身智能" "6G" 等新词首次写入政府工作报告 ["Embodied intelligence," "6G," and other new terms written into the government work report for the first time].
- Baidu. (2025, August 20). Baidu Announces Second Quarter 2025 Results.
- Pony.ai. (2025, March. 27). Pony AI Inc. Expands Fully Driverless Commercial Robotaxi Services in Shenzhen Nanshan District, Accelerating the Commercialization of Autonomous Mobility for Everyday Travel.
- Bamboo Works. (2025, August 29). Baidu's Apollo Go Tops Global Robotaxi Market With 14M Rides. *Benzinga*.
- National Science Foundation. (n.d.). National Robotics Initiative 3.0: Innovations in Integration of Robotics (NRI-3.0).
- European Commission. (n.d.). *AI Act*.

PART 2. 피지컬 AI 시대, 기술 패권 전쟁

CHAPTER 4. 용의 발톱이 된 국가대표 기업들

- Intellectual Market Insights Research. (2025, February 13). Leading companies in the global commercial drone market 2025.
- Baidu. (2025, August 20). Baidu announces second quarter 2025 results.
- Greg. (2025, September 5). UBTECH secures 250-million-yuan humanoid robot order. *Gasgoo*.
- Pollard, J. (2024, February 1). Nvidia's new AI chip for China priced close to Huawei alternative. *Asia Financial*.
- Vincent, B. (2022, October 6). Pentagon's list of Chinese military-linked companies operating in the U.S. grows. *DefenseScoop*.
- UC Drones Knowledge Portal. (2025, January). DJI drones.
- Dukowitz, Z. (2022, February 8). DJI is funded by the Chinese government, new reporting finds. *UAV Coach*.
- Al Jazeera. (2022, October 7). US puts Chinese drone giant DJI on military ties blacklist.
- DJI. (2022, April 26). DJI Reassesses Sales Compliance Efforts In Light Of Current Hostilities.
- Liao, T., Ligorner, K. L., & Hu, S. (2022, March 31). China's data laws and impact on the automotive industry. *Morgan Lewis*.
- Baker McKenzie. (2025, January 13). Data localization and regulation of non-personal data: Global Data and Cyber Handbook.
- European Commission & HR/VP contribution to the European Council.

- (2019, March 12). EU-China - A strategic outlook.
- European Commission. (2023, October 4). Commission launches investigation on subsidised electric cars from China.

CHAPTER 5. 살아 있는 실험실, 계산된 도박

- Bureau of Industry and Security. (2022, October 7). Commerce Implements New Export Controls on Advanced Computing and Semiconductor Manufacturing Items to the People's Republic of China (PRC). *U. S. Department of Commerce.*
- Department of Commerce. (2023, January 18). Implementation of Additional Export Controls: Certain Advanced Computing and Semiconductor Manufacturing Items; Supercomputer and Semiconductor End Use; Entity List Modification; Updates to the Controls To Add Macau. *Federal Register.*
- Powell, A. J. S., Amberg, P., & O'brien, R. (2024, December 6). US Department of Commerce Significantly Expands Controls Targeting Indigenous Production of Advanced Semiconductors in China. *Baker McKenzie.*
- Quentin. (2024, February 2). NVIDIA H20 AI GPU starts at $12,000 and is available on the Chinese market. *Instant Gaming News.*
- TrendForce. (2024, June 11). Huawei's Self-Developed AI Chip Challenges NVIDIA, Boasting Its Ascend 910B to Be Equal in Match With A100.
- Arthurchiao's blog. (2024, May 19). GPU Performance Quick Reference.
- ChinaScope. (2025, August 14). HKET: DeepSeek Delayed New AI Model Due to Technical Issues with Huawei AI Chips.

- Zhang, P. (2025, May 22). Baidu Apollo Go robotaxi fleet reaches 1,000-vehicle milestone. *Cnevpost.*
- Young, D. (2025, August 29). BRIEF: Baidu's Apollo Go tops global robotaxi market with 14 million rides and global advances. *Bamboo Works.*
- Alibaba Cloud Community. (2022, June 27). Alibaba's Driverless Robots Make 10 Million Deliveries. *Alibaba Cloud.*
- Monika. (2025, August 21). Apollo Go completes 2.2 million fully driverless rides in Q2 2025, up 148% YoY. *Gasgoo.*
- Zewe, A. (2025, January 29). New training approach could help AI agents perform better in uncertain conditions. *MIT News.*
- Lambert, F. (2025, August 21). Tesla is under NHTSA probe for not properly reporting crashes involving Autopilot and FSD. *Electrek.*
- DLA Piper. (n.d.). Data Protection Laws in China.
- LawInfoChina. (2021, June 10). Data Security Law of the People's Republic of China.
- The White House. (2024, February 28). Executive Order 14117: Preventing Access to Americans' Bulk Sensitive Personal Data and United States Government-Related Data by Countries of Concern. *The American Presidency Project.*
- Hoffmann, J., et. al (2022). Training compute-optimal large language models.
- Rae, J. W., et. al (2021). Scaling language models: Methods, analysis & insights from training gopher.

CHAPTER 6. 거대 조립 라인이 만들어 낸 완벽한 시너지

- Grünberg, NI. (2021, June 15). Party-state capitalism under Xi: Integrating political control and economic efficiency. *Mercator Institute for China Studies*.
- Bay Area Council Economic Institute. (2017, November). Chinese Innovation: China's Technology Future and What It Means for Silicon Valley.
- Kushida, K. (2024, January 9). The Silicon Valley model and technological trajectories in context. *Carnegie Endowment for International Peace*.
- Blanchette, J. (2021, January 22). Confronting the challenge of Chinese state capitalism. *Center for Strategic & International Studies*.
- Kennedy, S. (2021, October 7). China's evolving state capitalism. *Center for Strategic & International Studies*.
- Chan, K., Smith, G., Goodrich, J., DiPippo, G., & Pilz, K. F. (2025, June 26). Full stack: China's Evolving Industrial Policy for AI.
- Lin, Y. (2024, October 15). The Gen Z Tsinghua Graduates Driving AI in China. *Commonwealth Magazine*.
- Sheehan, M. (2018, February 12). How China's Massive AI Plan Actually Works. *Marco Polo*.
- Rockrose. (2025, July 8). The Rise of Zhipu: How It Became the First of China's "Six Tigers" to Pursue an IPO.
- Jingyi, C. & Weilan, Z. (2025, August 6). Shanghai issues action plan for embodied AI, seeking to achieve 20 breakthroughs in algorithms, technologies by 2027. *Global Times*.
- Lewis, J. A. (2023, November 17). Rethinking technology transfer policy

toward China. *Center for Strategic & International Studies.*

- Shanghaigov. (2025, August 21). Shanghai unveils 'AI + Manufacturing' plan. *City News Service.*
- Gasgoo. (2025, August 7). Shanghai unveils action plan to build a world-class embodied intelligence industry by 2027. *Shanghai Metal Market.*
- ABB. (2022, December 2). ABB opens state-of-the-art robotics mega factory in Shanghai.
- Wang, Y. (2025, August 21). Shanghai to enhance linkage between AI and manufacturing. *China Daily.*
- Yin, D., Raffo, J., & Tang, J. (2022) Innovation ecosystems and catching-up in developing countries: Evidence from Shenzhen. *World Intellectual Property Organization.*
- Xinhua. (2025, February 24). China's tech hub Shenzhen to launch 10 bln yuan fund to accelerate AI industry growth. *The State Council of the People's Republic of China.*
- Chen, Y. (2025, February 24). Shenzhen unveils $630 million subsidy plan to boost AI, robotics sector. *China Daily.*
- EyeShenzhen. (2025. June 4). Shenzhen Action Plan for Accelerating the Development of Artificial Intelligence Terminal Industry (2025-2026). *Longhua Government Online.*
- 36Kr English. (2024, December 24). Pony.ai's IPO: A reflection on tech dreams and harsh market realities. *KrASIA*
- Rajpal, S. (2024, October 10). Mainland China autonomous vehicle development on a different track. *S&P Global*

CHAPTER 7. '국가'라는 이름의 벤처캐피털리스트

- Hoffman, R., & Yeh, C. (2018). Blitzscaling: The lightning-fast path to building massively valuable companies. *HarperCollins*.
- Manoj, A. (2024, June 24). China unveils a massive support package of $47 billion for semiconductor industry. *Blackridge*.
- Qin, M., & Han, W. (2024, May 28). China piles $47.5 billion into 'Big Fund III' to boost chip development. *Caixin Global*.
- Beraja, M., Peng, W., & Yuchtman, Noam (2024). Government venture capital and AI development in China. *Stanford Center on China's Economy and Institutions*.
- 박현익. (2025, June 30). '반도체 굴기' 노리는 中, 대규모 기술 투자로 '장비 자립' 속도. 동아일보.
- KrASIA Connection. (2024, May 30). Big picture: China boosts chip industry with massive new fund. *KrASIA*.
- Clarke P. (2024, May 27). China doubles down on Big Fund with US$47.5 billion third phase. *eeNews*.
- China Daily. (2024, May 29). Six banks to invest in big way in IC fund. *The State Council of the People's Republic of China*.
- Li, J. (2025, February 26). SOEs accelerate integration with DeepSeek's AI models. *China Daily*.
- Nin, C. S. (2025, February 12). Chinese telcos quickly integrate DeepSeek into their infrastructure. *RCR Wireless News*.
- State-owned Assets Supervision and Administration Commission of the State Council. (2025, February 20). 国务院国资委部署深化中央企业"AI+"专项行动.

- *Cailian Press.*
- Zhang, E., & Han, W. (2022, July 29). Head of China's biggest chip investment fund under probe. *Caixin Global.*
- Asia Financial. (2022, August 5). China chip fund head investigated for corruption.
- Asia Financial. (2023, December 14). Chinese Chip Firms Closed at a Record Rate in 2023.
- Hong, S. (2025, April 11). China eyes $150 billion AI industry by 2030 with $8.2 billion investment fund. *AsiaTechDaily.*
- European Commission. (n.d.). The European Chips Act.

CHAPTER 8. 반도체 제재가 낳은 운명적 역설

- Department of Commerce. (2023, January 18). Implementation of Additional Export Controls: Certain Advanced Computing and Semiconductor Manufacturing Items; Supercomputer and Semiconductor End Use; Entity List Modification; Updates to the Controls To Add Macau. *Federal Register.*
- Gertz, G. (2024, December 31). Goodbye to 'small yard, high fence'. *Center for a New American Security.*
- Chang, W., Arcesati, R., & Hmaidi, A. (2025, July 22). China's drive toward self-reliance in artificial intelligence: from chips to large language models. *Mercator Institute for China Studies.*
- Weissberger, A. (2025, April 21). U.S. export controls on Nvidia H20 AI chips enables Huawei's 910C GPU to be favored by AI tech giants in China. *IEEE ComSoc Technology Blog.*

- Roberto, Ruben. (2025, May 22). Huawei Ascend 910C vs NVIDIA H100: China's Most Powerful AI Chip in 2025. *Nexgen Compute.*
- Patel, D., Nishball, D., Xie, M. et. al. (2025, April 16). Huawei AI CloudMatrix 384: China's answer to NVIDIA GB200 NVL72. *SemiAnalysis.*
- Wheatley, M. (2025, July 27). Huawei launches CloudMatrix 384 server as an alternative to Nvidia's AI infrastructure stack. *SiliconANGLE.*
- Udinmwen, E. (2025, August 12). Brave or foolhardy? Huawei takes the fight to Nvidia CUDA by making its Ascend AI GPU software open source. *TechRadar.*
- 36Kr. (2025, August 6). The Huawei version of CUDA is fully open-sourced.
- T0@st. (2025, June 5). Chinese tech firms reportedly unimpressed with overheating of Huawei AI accelerator samples. *TechPowerUp.*
- Shen, X. (2025, August 5). Tech war: Huawei to open-source AI chip toolkit to take on Nvidia's proprietary platform. *South China Morning Post.*
- Cavanagh, Cameron. (n.d.). Small Yard, High Fence? U.S. Economic Restrictions on the People's Republic of China. *Georgetown Security Studies Review.*
- Friedman, A. (2025, September 18). SMIC is testing the first Chinese-built immersion lithograhy machine. *PhoneArena.*
- James, Dick. (2025, September 5). China's SMIC plays the 7 nm card. *TechInsights.*
- T0@st. (2025, March 28). SMIC reportedly on track to finalize 5 nm process in 2025, projected to cost 40-50% more than TSMC equivalent. *TechPowerUp.*

- Gerven, P. V. (2025, September 17). SMIC tests domestically developed immersion tool. *Bits & Chips*.
- Chiao, J. (2023, December 14). China and US Bolster Semiconductor Independence as Taiwan's Foundry Capacity Share Projected to Decline to 41% by 2027. *TrendForce*.
- Nenni, D. (2024, March 12). Advanced Semiconductor Market Share by Country (2023-2027). *SemiWiki*.
- Tung, C. (2025, April/May). Taiwan and the global semiconductor supply chain - China's Pursuit of Semiconductor Self-Sufficiency. *ROC-Taiwan*.
- Chiao, J., & Chung, Eden.. (2023, October 18). China's share in mature process capacity predicted to hit 29% in 2023, climbing to 33% by 2027. *TrendForce*.
- Shivakumar, S., & Heng, J. (2024, November 13). What RISC-V means for the future of chip development. *Center for Strategic & International Studies*.
- Cory, N. (2024, July 19). The US-China Tech Conflict Fractures Global Technical Standards: The Case of Semiconductors and the RISC-V Standard. *Information Technology & Innovation Foundation*.
- Feldgoise, J. (2024, January 22). RISC-V: What it is, and why it matters. *Center for Security and Emerging Technology*.

CHAPTER 9. 백가쟁명: 국가가 설계한 혼돈, 그리고 예상 밖의 침입자

- Cockerell, C. (2025, January 29). Is DeepSeek really AI's 'Sputnik moment'? The hazy backstory to ChatGPT's Chinese rival. *The Standard*.
- TRT World. (2025, January 27). AI's Sputnik moment: China's DeepSeek

- chatbot shakes tech market.
- Perplexity.ai. (n.d.). China's "War of a Hundred Models".
- Colville, A. (2014, July 15). Hundred Model War(百模大战). *China Media Project*.
- Gamvros, A., Yau, E., & Chong, S. (2023, July 25). China finalises its Generative AI Regulation. *Data Protection Report*.
- Sheng, M., & Leung, H. T. (2023, September 26). New Generative AI Measures in China. *Ashurst*.
- Sheng, J., Ko, J., Liu, J. Y., Farmer, S., & Xu, C. (2023, July 25). China Finalizes Its First Administrative Measures Governing Generative AI. *Pillsbury*.
- Gong, S. (2023, August 30). China finalizes generative AI regulation. *Hogan Lovells*.
- Xinhua. (2024, August 13). China sees dynamic generative AI services with 190 models in use. *The State Council of the People's Republic of China*.
- Allen, G. C. (2025, March 7). DeepSeek, Huawei, export controls, and the future of the U.S.-China AI race. *Center for Strategic & International Studies*.
- DeepSeek-AI. (2024, May 16). DeepSeek-V2: A strong, economical, and efficient mixture-of-experts language model.
- Kelly, R. (2025, September 19). DeepSeek's R1 model training costs pour cold water on big tech's massive AI spending. *ITPro*.
- 송경재. (2025, February 2). 딥시크, 실제 개발 비용은 5억 달러 이상. 파이낸셜뉴스.
- Ryan, C. (2025, August 14). DeepSeek reverts to Nvidia for R2 model after

Huawei AI chip fails. *Artificial Intelligence News*.
- Daws, R. (2025, August 14). DeepSeek reverts to Nvidia for R2 model after Huawei AI chip fails. *AI News*.
- BeauHD. (2025, August 14). Dodgy Huawei chips nearly sunk DeepSeek's next-gen R2 model. *Slashdot*.
- Olcott, E., & Wu, Z. (2025, August 14). Upcoming DeepSeek AI model failed to train using Huawei's chips. *Financial Times*.
- MindSpore. (n.d.). MindSpore Official Website.
- TrendForce. (2025, August 14). DeepSeek R2 model launch reportedly delayed amid Huawei Ascend chip hurdles.

PART 3. 숨길 수 없는 아킬레스건

CHAPTER 10. 흔들리는 거인

- Mann, T. (2025, August 14). Dodgy Huawei chips nearly sunk DeepSeek's next-gen R2 model. *The Register*.
- Impaakt. (2025, August 14). DeepSeek Postpones R2 Launch After Failures with Huawei Ascend Chips.
- 변휘. (2025, August 14). "딥시크, 화웨이 칩 쓰다 낭패"… 중국이 엔비디아 못 놓는 이유. 유니콘팩토리.
- eeworld.com.cn. (n.d.). Industrial Robots Full-View Analysis. *EEWorld*.
- Business Wire. (2020, September 30). Global and China industrial robot speed reducer industry report, 2020-2026.

- Sango Automation Limited. (2021, December 1). China localization rate of core parts of industrial robots continues to rise in 2021.
- IBM. (n.d.). What is mean time between failures (MTBF)?
- Raza, Muhammad. (2024, December 6). Mean Time Between Failure (MTBF): What It Means & Why It's Important. *Splunk*.
- WorkTrek. (2024, August 26). What Is Mean Time between Failure (MTBF).
- Nabtesco. (n.d.). Precision reduction gears for wide-ranging support of global frontier industries.
- Nabtesco. (n.d.). For powerful, elaborate, and swift movements at the forefront of manufacturing.
- 배준희& 최창원. (2023, March 24). K 로봇 산업 지도 올 가이드… 산업용·협동 로봇은 대기업 두각, 135조 서비스 로봇은 푸드테크 주도. *매경이코노미*.
- MIR DATABANK. (2025, February 10). 2024 China Industrial Robot Market: Reshuffling Accelerated - Chinese Manufacturers Captured 52.3% Market Share.
- Tong, J. (2025, September 5). Robotics installation: China's homegrown suppliers on the rise. *Sinolytics*.
- Du, Q. (2025, August 14). Chinese researchers develop soft robot capable of operating in freezing environments as low as -50 C. *Global Times*.

CHAPTER 11. 국가의 의지를 체화한 세대

- The AI Track. (2025). China mandates AI education nationwide by 2025, with Beijing leading early implementation.
- State Council of the People's Republic of China. (2017, August 1). Full

- Translation: China's 'New Generation Artificial Intelligence Development Plan'. *Stanford University*.
- Xinhua. (2025, May 13). China advances AI curriculum to cover full basic education. The State Council Information Office of the People's Republic of China.
- Cortese, AJ. (2023, December 28). How Realistic Are Chinese University AI Ambitions? *MarcoPolo*.
- Shuo, Z. (2025, June 4). Chinese universities rush to offer AI majors. *China Daily*.
- 한우덕. (2022, June 10). 중국 최고 천재들이 칭화대 '야오반'으로 몰리는 이유. 중앙일보
- Institute for Interdisciplinary Information Sciences, Tsinghua University. (n.d.). About Yao Class.
- Cortese, AJ. (2020, June 22). From classmates to co-founders, Chinese AI champion Megvii started on campus. *KrASIA*.
- Omaar, H. (2025, January 10). Moonshot AI: Betting Big on Long-Context, Confronting the Challenges of Scale and Reliability. *Center for Data Innovation*.
- Se, K., & Eum, B. (2024, June 25). Moonshot AI: 롱 컨텍스트(Long-Context) AI를 이끌고 있는 중국의 AI 유니콘. *Turning Post Korea*.
- Cryptopolitan. (2025, July 4). Meta's advanced AI ambitions leads to heavy reliance on Chinese researchers. *Insights*.
- 윤고은. (2024, July 8). 중국 최고 임금 직군에 AI 분야 첫 등극… 기존 금융 부문 제쳐. 연합뉴스.
- Digital Defynd. (2025). AI Salaries in Asia [For Different Roles] [2025].

- Yiying, F. (2021, August 27). China's Top Court Says Grueling '996' Work Schedule Illegal. *Sixth Tone*.
- Queen Mary University of London. (2024, July 22). 'Involution' (neijuan).
- Gu, X., & Mao, E. (2023). The impacts of academic stress on college students' problematic smartphone use and Internet gaming disorder under the background of neijuan: Hierarchical regressions with mediational analysis on escape and coping motives. *Frontiers in Psychiatry*, 13.
- 박은하. (2025, June 7). 수험생 98%가 '2류'가 된다면… 중국판 수능 가오카오의 그늘. 경향신문.
- Sofiah, A. (2023, September 18). Strained employee mental health in Asia: 45% surveyed say it is impacting productivity. *Human Resources Online*.
- Li, Y., et. al. (2023). Correlation among occupational stress, job burnout and depressive symptoms in 2,083 manufacturing workers of China. *Research Square*.

CHAPTER 12. 게임의 규칙이 바뀌었다

- International Federation of Robotics. (2024, November 20). Global robot density in factories doubled in seven years. *IFR Press Releases*.
- Atkinson, R. D. (2024, March 11). How innovative is China in the robotics industry? *Information Technology and Innovation Foundation*.
- Francois, M., Hansmann, T., Huang, B., & Nguyen, Z. (2023, September 25). Boosting Vietnam's manufacturing sector: From low-cost to high-productivity. *McKinsey & Company*.
- Moreno, A. (2025, June 9). Overcoming Mexico's IT talent gap to boost tech

- growth. *Mexico Business News*.
- German Embassy Singapore. (n.d.). Industrie 4.0.
- Meltzer, J. P., & Pearson, M. M. (2024, December 19). How the U.S. should address Chinese overcapacity and its impact on international trade. *Brookings Institution*.
- National Bureau of Statistics of China. (2025, July 16). Industrial capacity utilization rate in the second quarter of 2025.
- International Energy Agency. (2025, May 14). Global EV outlook 2025.
- International Energy Agency. (2022, July 7). Solar PV Global Supply Chains.
- Savage. C. (2025, September 4). China Tackles Price Wars as Bloated Solar Sector Amasses Huge Losses. *Energy News Beat*.
- García-Herrero, A., & Porcaro, G. (2023, May 10). US-China tech bifurcation [Audio podcast]. *Bruegel*.
- Reddy, R. K. (2025, June 13). SHAPING NEXT-GENERATION TECHNOLOGY China Standards 2035. *ORCA*.

PART 4. 새로운 패권 전쟁의 서막

CHAPTER 13. 지능화된 전장

- Sullivan, I. M. (2024, January-February). Three Dates, Three Windows, and All of DOTMLPF-P: How the People's Liberation Army Poses an All-of-Army Challenge. *Military Review*.
- Stokes, J. (2024, February 1). Military Artificial Intelligence, the People's

- Liberation Army, and U.S.-China Strategic Competition. *Center for a New American Security*.
- Keller, C. (2024, July 15). Operationalizing Intelligentized Warfare: Xi Replaces the Strategic Support Force with Three New "Arms". *PLA Tracker*.
- U.S. Department of State. (n.d.). The Chinese Communist Party's Military-Civil Fusion Policy.
- Bitzinger, R. A., Evron, Y., & Yang, Z. (2021). China's military-civil fusion strategy: Development, procurement, and secrecy. *Asia Policy*, 16(1), 1-64.
- Tanner, M. S. (2017, July 20). Beijing's New National Intelligence Law: From Defense to Offense. *Lawfare*.
- Gasgoo. (2025, August 21). Apollo Go completes 2.2 million fully driverless rides in Q2 2025, up 148% YoY.
- Gabriella. (2024, July 17). Hesai Technology serves as supplier of Baidu Apollo sixth-generation Robotaxi's primary LiDAR. *Gasgoo*.
- Davis, O. (2012). Processing and Working with LiDAR Data in ArcGIS: A Practical Guide for Archaeologists. Royal Commission on the Ancient and Historical Monuments of Wales.
- Urich, Q. (2025, September 10). Chinese drone tech fuels both sides of Russia-Ukraine war. *Russia Matters*.
- Schönander, L. E. (2022, December 1). The U.S. Government Keeps Buying Chinese Drones. *Foundation for American Innovation*.
- DJI. (2022, October 8). DJI Statement On The U.S. Department Of Defense "Chinese Military Companies" List.
- Stokes, J. (2024, February 1). Military Artificial Intelligence, the People's Liberation Army, and U.S.-China Strategic Competition. *Center for a New*

- Group Captain D. K. Pandey. (2023, January). The (Un)Reliable JF-17. *SP's aviation*.
- The Irrawaddy. (2022, November 25). Technical Problems Ground Myanmar's JF-17 Fighter Jets Bought From China.

CHAPTER 14. 거룡의 거울 앞에 선 호랑이

- International Federation of Robotics. (2024, November 20). World Robotics 2024.
- 조계완. (2023, January 3). 삼성전자, 레인보우로보틱스에 589억 투자 로봇산업 본격 진출. 한겨레.
- 박종오. (2021, June 21). 현대차그룹, 로봇 기업 '보스턴 다이내믹스' 1조에 인수 완료. 한겨레.
- Falkenberg-Hull, E. (2025, April 21). Hyundai Putting 'Tens of Thousands' of Advanced Robots to Work. *Newsweek*.
- 박재현. (2025, July 1). [동향] 2024년 국내 AI 산업 6조 3천억원… 구조적 불균형 '경고등'. 아이티데일리.
- JIDE. (2023, April 30). Precision Reducer Monopolized By Japan.
- 최종윤. (2022, August 10). 정밀 제어와 고속 응답을 위한 산업용 모터 시장과 기술 동향: 서보모터 솔루션, 로봇 시장 성장과 함께 큰 성장폭 예측. *Industry News*.
- 박준이. (2025, October 9). 韓 미래 산업, 핵심 부품은 여전히 해외 의존…" 구동은 日, 제어는 中에서". 아시아경제.
- 김천구. (2025, June 18). 한국의 고급 인력 해외 유출(brain drain) 현상의 경제적

영향과 대응 방안. *대한상공회의소*.

CHAPTER 15. 새 판을 짜는 자 vs. 성실한 실행자

- 한국개발연구원(KDI). (2024). 'Made In Korea', 오징어부터 반도체까지. *경제로 세상 읽기*, 2024년 2호.
- 산업통상자원부. (2024, January 16). K-로봇경제 실현을 위한 제4차 지능형 로봇 기본계획(2024~2028).
- 과학기술정보통신부 외 관계부처 합동. (2019, December 17). 인공지능(AI) 국가전략.
- 최진홍. (2025, October 12). 韓 AI 인재 유출 심각…OECD 38개국 중 35위 '최하위권'. *이코노믹리뷰*.
- Nevia Capital. (2025, September 1). Private Equity Fund or Venture Capital? How to Choose the Right Investor for Your Business.
- Wikipedia. (n.d.). China Integrated Circuit Industry Investment Fund.
- Patterson, A. (2020, November 20). China TSMC Rival HSMC Runs Out of Cash, Ex-CEO Says. *EE Times*.
- Yozma Group. (n.d.). Overview.
- Avnimelech, G., Kenney, M., & Teubal, M. (2005). The life cycle model for the creation of national venture capital industries: the US and Israeli experiences. Clusters Facing Competition: The Importance of External Linkages. *Ashgate, Hampshire*, 195-214.
- Fraunhofer IPT. (n.d.). Due Diligence: The path to successful transactions.
- Fraunhofer-Gesellschaft. (n.d.). Finances.
- Wang, K. (2005). The ITRI Experience: Innovative Engine of Taiwan's High

- Tech Industry. *ITRI internal paper.*
- Bundesministerium für Wirtschaft und Energie. (n.d.). Digitale Transformation in der Industrie.
- Bundesministerium für Wirtschaft und Energie. (n.d.). Plattform Industrie 4.0: Digital Transformation. "Made in Germany".
- it's OWL. (n.d.). it's OWL innovation platform.
- DARPA. (2014, March 13). The DARPA Grand Challenge: Ten Years Later.
- Chebotar, Y., & Yu, T. (2023, July 28). RT-2: New model translates vision and language into action. *Google Deepmind.*
- NVIDIA. (2024, March 18). NVIDIA Announces Project GR00T Foundation Model for Humanoid Robots and Major Isaac Robotics Platform Update.
- Tiwari, N. (2014, July 25). How open sourcing Android made it a mobile market leader. *Opensource.com.*
- LG AI Research. (2025, July 15). LG Unveils Korea's First Open-weight Hybrid AI, 'EXAONE 4.0'. *PR Newswire.*
- 한상기. (2025, April 28). 네이버의 진일보: 상용 오픈 소스 LLM '하이퍼클로바 X' 공개. 슬로우뉴스.
- Samsung Electronics. (2024, December 31). Samsung Electronics To Become Largest Shareholder in Rainbow Robotics Accelerating Future Robot Development.
- Hyundai Motor Group. (2021, June 21). Hyundai Motor Group Completes Acquisition of Boston Dynamics from SoftBank.
- 박준이. (2025, October, 6). "한국은 투자 안 하고 비싸게 만들어" 어쩌나… 로봇 구동 부품 98% 日 의존. 아시아경제.
- 이청원. (2022, October 14). '수출 규제' 겪어도… 로봇 핵심 부품 일본 수입 의

존도 '심각'. *시사포커스*.
- Hart, D. M. (2024, February). Sematech: A public-private partnership for spurring domestic manufacturing. *Bipartisan Policy Center*.
- 장길수. (2025, July 31). 2025년 로봇 스타트업 투자 급증…투자액 60억달러 돌파. *로봇신문*.
- 신영빈. (2025, July 11). 'K-휴머노이드 강자' 에이로봇, 100억원 시리즈A 투자 유치. *ZDNet Korea*.
- 신영빈. (2025, July 11). 로브로스, 40억 원 프리A 투자 유치. *ZDNet Korea*.
- 서보미. (2025, May 15). "돈이 없다"…혹한기 넘은 '빙하기' 덮친 韓 스타트업 투자 시장. *한국경제*.
- 이신혜. (2025, September 1). (2025, August 29). [Interview] 이상민 뉴빌리티 대표 "韓, 자율주행 로봇 최고 '테스트베드'…데이터 규제 완화 숙제". *이코노미조선*.
- 금융감독원. (2024, August 27). 감사인 지정제도 설명회.
- 남혜현. (2025, September 17). AI 스타트업, 글로벌에서 통해도 한국 규제엔 막힌다. *BylineNetwork*.
- 이재림. (2025, June 5). 현대차그룹, 제로원 펀드로 AI·로봇 등 스타트업에 1,250억 투자… 협업 시너지 기대. *인베스트*.
- 삼성전자. (2025, February). 스타트업 지원: C-Lab (Creative Lab).
- 이시은. (2023, December 5). "어차피 안된다"…스타트업 외면하는 기술유용 지침 현실. *한국경제*.
- 양일혁. (2023, May 15). 대기업 계열사 기술탈취 의혹에 스타트업 '신음'. *YTN 사이언스*.

피지컬 AI 패권 전쟁

펴낸날 2025년 12월 5일 1판 1쇄
2025년 12월 15일 1판 3쇄

지은이 박종성
펴낸이 金永先
편집 박혜나
디자인 검정글씨 민희라

펴낸곳 지니의서재
주소 경기도 고양시 덕양구 청초로 10 GL 메트로시티한강 A1-1924호
전화 (02) 719-1424
팩스 (02) 719-1404
출판등록번호 제13-19호

ISBN 979-11-94620-21-1 (03320)

> 지니의서재와 함께 새로운 문화를 선도할 참신한 원고를 기다립니다.
> 이메일 geniesbook@naver.com (원고 투고)

- 이 책은 저작권자와의 계약에 따라 발행한 것이므로 본사의 허락 없이는 어떠한 형태나 수단으로도 이 책의 내용을 사용하지 못합니다.
- 파본은 구입하신 서점에서 교환해 드립니다.